新潮文庫

こころの最終講義

河合隼雄著

新潮社版

9709

はじめに

河合俊雄

この本は、もともと『物語と人間の科学』(岩波書店、一九九三年)として出版されたもので、当時の帯には、「河合隼雄氏の唯一《ゆいいつ》の講演集」というコピーが入っていた。それは「あとがき」にもあるように、講演とは聴衆とのその場での関係でなされるものなので、その筆録を書物にして出すことを著者が嫌っていて、この本が例外的なものだからである。

しかし、これも「あとがき」で指摘されているように、ここに収められているものは講演というよりはむしろ講義に近い。さらには、京都大学を定年退職した際に、記念に行われた講義「コンステレーション」、同じ年度に、京都大学を退職することと日本心理臨床学会理事長を任期満了で辞めることを記念して行われた特別講演「物語と心理療法」という「最終講義」が二つ含まれていて、この本の中心となっている。

そこで文庫化に際しては、その趣旨を生かして『こころの最終講義』という題にした。またそれにともない、もとの本では第二章に置かれていた京都大学での最終講義を第一章にもってきて、第二章と入れ替えることにした。その方が、第一章の終わりの方で「物語」ということが導入されて、それが第二章以降に中心的なテーマとなって展開していくようになって、座りがよいからである。

「最終講義」という厳《いか》めしい題がついていると、尻込《しりご》みされる読者がおられるかもしれないが、そのような心配には及ばない。著者も書いているように、講義であってもそれは「おはなし」に近い感じですらすらと進んでいって、読者はぐいぐいとその語りに引き込まれていくことであろう。まさにこの本は物語についての物語なのである。

ただ、第一章で「コンステレーション」という言葉がいきなり導入されているのにとまどわれるかもしれないので、少し説明しておく。コンステレーションの語義は、「星座」ということであるけれども、ユング心理学では、出来事が全体の中で関連を持って生じてくることを意味している。特に、内的な心理状態と外的な出来事とが偶然ではあるが、意味を持って重なることを指す場合が多い。心理療法に関わっているとしばしばそういうことが起こるけれども、たとえばクライエントが危機的な状態にあるときに、飼っている犬が交通事故に遭いそうになったりするなどのように。

それではこれ以上の前置きはやめて、著者に登壇を願うようにしよう。

目次

こころの最終講義

第一章　コンステレーション

――京都大学最終講義――

言語連想テストからの出発

コンステレーションとは空にある星座を意味します。コンステレーションのコンというのは、もともとwith（ともに）という意味ですね。そして、ステレーションのほうのステラというのは星です。星が一緒になっているというので、コンステレーションという言葉は星座を意味しているわけです。

ただし、きょうは星座の話をするわけではないので、「コンステレーション」と書いておきました。星座なんて書くと、天文学の先生の退職記念講義と思い込まれるかもわかりませんので、片仮名で書いたわけです。訳すときには布置というふうにしていますけれども、これも適切な訳ではありません。「コンステレーション」はユング派の人がわりとよく使う言葉で、私がユング研究所で学んだことの非常に大事なことの一つだと思います。

ユングは、このコンステレーションという言葉をどんなふうに使ってきたか、ちょっとお話します。講義ということであれば、もう少し詳しく説明しなければなりませんが、きょうは人数も多くてあんまり細かいことは言えませんので省略します。ユングは一九〇五年―六年、今世紀の初めにコンステレーションという言葉をよく使っております。それはどこから来たかといいますと、言語連想のテストです。ユングは言語連想のテストによって精神医学の世界にデビューしたわけです。

言語連想というのは、皆さん、ご存じだと思いますが、ある言葉を言って、それについて連想語をできるだけ早く言ってもらう。山と言うと川と言う人もあるし、山と言えば登るという人もいますが、そういうふうにできるだけ早く単語を言ってもらう。そのときに、初めはだれでも山と言うと川と言う人が多いとか、動詞で登ると答える人がいるとか、そういうふうなことに注目していたんですが、ユングのすばらしいところは、そういう非常に単純な言語連想でも、連想語を答える時間がおくれる人があるということに気がついたわけです。山と言うと、黙ってしまって答えられない人がいる。そして十秒か二十秒もたってから川と言ってみたり、時には山と言うと黙っていて、あげくに最後は殺すなんて言う人もあります。

そういうことから、時間がおくれるという非常におもしろい現象に気がついたわけです。そして、時間がおくれたのをずっと見ていきますと、それが何となく一つのかたまりとして見えてくるんですね。山と言うと険しい、父と言うと怖い、馬と言うと蹴《け》るとか、怖くて険しいような感じで、かたまってくる。それがコンステレーションなんです。だから、心の中に何かがまさにできている。そのできているのが、外からの刺激に対してぱっと出てくる。出てきたものが一つのかたまりを成している。そのかたまりの中心にあるのが、いま言いましたように怖いとか、恐ろしいというふうな感情ですね。つまり、感情によって色づけられた一つのかたまりができているということです。こう言うと、皆さん、心理学をやっている人はすぐおわかりだと思いますが、これはユングの名前を非常に有名にしたコンプレックスということですね。コンプレックスを表現するために、このコンステレーションという言葉を使ったわけです。

だから、ユングのそのころの文章を読みますと、コンプレックスという言葉は昔からあったんですが、ユングはそれを新しい意味をもつものとして使うようになったので、それを説明するために言語連想という実際的なことを使って、そして目に見えるようにしました。これはコンプレックスがコンステレートしているのである、そういう言い方をしています。つまり、「心の中にそういうかたまりができているんだ、それがこう出ているじゃないか」という言い方をしたわけです。

「元型がコンステレートしている」

ところが、それ以後ユングはアーキタイプ（元型と訳しています）ということを言い始めました。コンプレックスというのは皆さんもおわかりだと思いますが、例えば私がさっき言いましたように、父親にいつも怒られて、怖い怖いと思っていると、何事につけ怖い怖いと思うような心のしこりができる。日本語のしこりという言葉はまさにコンプレックスですね。ところが、そのしこりのもっと深くに一つのもととなるようなタイプを考えていいんじゃないか。

これはなかなかわかりにくい考え方ですが、人間の心の深いところには、そういう元型のようなものがあって、そのあらわれがいろんなところに出てきているという見方で、ユングは人間の心の現象を見ようとしました。そのために、初めのうちは「コンプレックスがコンステレートしている」という言い方であったのが、一九四〇年ごろから「元型がコンステレートしている」というふうな表現が多くなってきます。

例えば一九四〇年に、エラノス会議というところでユングは重要な論文を発表しました。キリスト教の三位《さんみ》一体《いったい》のドグマ（教義）に対する心理学的なアプローチという論文で、このコンステレーションという言葉を使っています。例えばユング派の人がよく言うグレート・マザーというようなアーキタイプ、それがコンステレートされてくると、自分の周囲にいろんな母親の元型的なイメージが見えてくる。それが心を揺り動かす、といった具合です。

そして、ここでユングが強調しておりますのは、そういうコンステレーションの中に入ったときには、すごい魅力を感じたり、心をものすごく揺すぶられたりする。その感じはデモニック、悪魔的な感じがしたり、あるいは非常に神聖な感じがしたりするというので、ここで宗教的な感情と結びつけて語っているわけです。まだ、このころはあまり言っていませんが、ユングは「ヌミノーゼ」という言葉をだんだん使うようになります。われわれが、ほんとうに抵抗しがたいような気持ちで何かに引きつけられる。すごく引きつけられていくということは、つまり元型的なものがそこにコンステレートしているんだという考え方です。

こういう考え方で一九五〇年代になりますと、論文の中にはコンステレーションという言葉が随分出てきます。その中で特に注目したいのは、共時性とわれわれは訳していますが、「シンクロニシティ」という言葉です。シンクロニシティということでユングが言っていますのは、何か同時的に不思議なことがぱっと起こるが、それは因果的に説明できない。例えば、私がAならAという人が亡《な》くなった夢を見る。夢を見て、ほっと起きたときに実際に通知があって、Aさんがお亡くなりになりましたという通知が来る。夢の現象と外的現象が一致するわけですね。一致するけれども、夢を見たからあの人が死んだとか、あの人が死んだから夢を見たとは言えない。もしそういうことがあったら、夢でいろんなことがわかるはずですが、ほとんどわかりません。しかし、そういう因果的に説明不能であるが、共時的に起こる現象というのがどうしてもあると思わざるを得ない、とユングは言っているわけです。そしてそこに非常に大きい意味がある、とユングは言っているわけですね。

そういう共時性と関連する論文が出てくるわけですが、非常に注目すべきことは、空飛ぶ円盤、UFOに対する論文があります。ユングが言っているのは、問題は空飛ぶ円盤があるとかないとか言うんじゃなくて、非常にたくさんの人が空飛ぶ円盤を見たとか言っているということは、何か非常に大事な元型的なものがみんなの心の中にコンステレートしているからだ、という見方をしております。そして、これだけ世界中の人がそういうものを見ているということは、UFOがあるかないかと問う前に、人間の心の底に、いま動いている元型的なものを理解するということこそが、現代の文化を理解するのに役立つのではないか、と結論していくわけでして、こういう全体的なコンステレーションを読むということが一つの文化、あるいは時代の理解に役立つという態度が出てくるのです。そのような考えに共鳴して、私はコンステレーションということに関心を持ったわけです。

「自己実現の過程をコンステレートする」

ところで、一九六五年といいますと、私がユング研究所で資格を取りまして、日本へ帰ってきた年なんですが、ちょうどその年に、私が分析を受けておりましたC・A・マイヤー先生が六十歳になられたんです。そこで六十歳の誕生日に、弟子がみんな論文を書いてお祝いをしたんですね。そのお祝いの中に、私がアメリカで習いましたクロッパーという先生とシュピーゲルマンという方が論文を書きまして、その中にマイヤー先生について、非常におもしろいことが書いてあるんですね。

どういうことかというと、われわれが心理療法をするということは、いろんな仕事をしているんだ。確かに、いろんな仕事をしているわけですね。時には忠告を与えるときもあるし、時には来られた人の気持ちをちゃんと、こちらがそれを反射してあげる。あなたはこういうことを考えているんです、と明らかにしてあげることによって、相手は考えなおすこともある。あるいは、あなたのそういう行動は、こんな意味を持っているんですよ、と解釈することもある。そういうふうに、われわれ心理療法をやっている者はいろんな仕事をしている。けれども、マイヤーは特別なことをやっている。マイヤーは何をしているかというと、「コンステレートしている」という言葉がそこで出てくるんですね。

その文章はどんな文章かといいますと、クライエントが来られたら、その内容に対して何か答えを言ってあげるとか、解釈してあげるんじゃなくて、その人のセルフリアライゼーション、自己実現の過程をコンステレートするんだ、と書いてあるんです。そして、その人が自己実現の過程をコンステレートして自己実現の道を歩む限りにおいて、その人にともについていくのだ、と書いてあるわけです。これは私にとって非常に衝撃だった。

どう衝撃だったかというと、コンステレーションというのは星座です。星座というのはできているんですね。だれがつくったというふうにわれわれは思っていないわけですね。私が北斗七星をつくったわけでもないし、偶然に夢と現実が合っても、これは友達がやったわけでもない、つまりそれはあくまで自動詞として考えていたわけですから、人間が何かをコンステレートするなんて他動詞として用いることなどは考えられないと思っていたんですね。

ところが、マイヤーはコンステレートする。何をコンステレートしているかというと、「自己実現の過程をコンステレートする」と書いてある。そう言われたら、なるほどと思うところがあるんです。どういうふうに思うかというと、マイヤー先生という人は何もしないんです。私も初め、分析を受けに行ってびっくりしたんですけれども、たとえば夢なんかを持っていくと、いろんなことを言ってくれるかと思うんですが、何も言わなくて、ただ聞いているだけなんですね。時々ぱーっとたばこを吸ったり、外の景色を見たり、ぼーっとしているんです。けれども、マイヤーさんに会っていると、自分の心の底から深いものが動き出すわけですね。非常に深いものが動いて、今まで考えもしなかったようなことが、あるいは夢にも見なかったようなことが浮かび上がってくる。それを話し出すと、マイヤーさんがうんうんとついてきてくれるわけですね。ついてきてくれるなら行きましょうということになるわけですが、マイヤーさんは私が行くのをずっと見てくれている。

そういうふうに、あれはマイヤーさんがコンステレートしていたのかと考えますと、僕も心理療法家としてそれをやらなくちゃならないと思うんだけれども、どうしていいかわからないわけですね。しかし、これはおもしろい英語の使い方があるものだなということが非常に印象に残っておりました。

一つの事例

そういうところから、私の一九六五年からの、日本における仕事が始まってくるわけです。これがいわば前置きでして、コンステレーションをどう考えるのかということについて、今はちょっとかたい話をしましたので、こんどは非常にわかりやすい例を挙げます。ただ、こういうときにあんまり深刻な例とか、非常に個人的な例というのは挙げることができません。今から話をする例は非常に簡単な例で、しかもクライエントの方というよりは学生さんがぽっと話し込みに来られた、という例を挙げたいと思います。

しかし、学生さんが来られたときは非常に深刻な、緊急でたまらないという格好で来られました。ぜひ私に会いたい、緊急ですと言われて、どんなことかと思って会いましたら、ぱっと入ってきて立ったまま、「先生は易を信じられますか」と言われたんですね。先生は数学を勉強して、それから心理学をやられて、西洋に行かれて、東洋のこともご存じでとか、そういうふうに言って、易を信じるか信じないか言ってくださいと。そこで私が信じますとか、信じませんと言うたら、はい、さようならと帰るぐらいの様子で来られました。

ただ、われわれはそういうところになれていますので、すぐに答えなくて、「まあ、おかけください」と言いますね。「易についてですか」と言って聞いていますと、何か話をされる。どんな話をされたかというと、実は私は在日韓国人の学生ですと言われました。そして、簡単に言いますと――これは随分昔です。二十年どころじゃない昔の話です――、その方が在日韓国人の学生で、自分は一ぺん、祖国へ帰りたいと思っていた。おそらく試験か何かにパスされたんですね。非常に幸運にも帰れるようになった。自分の祖国に帰れるというのでものすごく喜んで、浮き浮きしていた。ところが、今までそんなことは絶対にしたことがないのに、何の気なしに高島易断の本を開いたそうです。自分のところをぱっと見ると、「高みに上がって落ちる」と書いてあるんですね。それでぱっと考えたのは、これから飛行機に乗るんだ。自分の飛行機は、絶対に墜落するに違いないと思ったわけです。そうすると、すごく怖くなって、韓国ですから船でも行けるわけですけれども、飛行機に乗らないなんて言えないわけですね。そんなことは格好悪くて言えない。「高島易断で飛行機が……」とは言えない。けれども、どう考えても落ちるとしか思えない。怖くて仕方がないんですね。

ところが、一方では我が祖国に帰りたいという気持ちがものすごくあるわけですね。そんなわけで、先生に易を信じるかどうか聞きに来たんですと言われました。

こういうときに、易に対してすぐ答えないというところがわれわれの特徴なんです。「易は益ないことです」とか、そういうことは言わないんですね（笑）。信じるとか信じないとか、そういうことじゃなくて、易ということを契機に、これほどの不安を起こすということは、何がコンステレートしているのかと考える。ただし、そのときに、その方に何がコンステレートしていますかとは決して言わないですね。何をするかというと、その人が言われることを一生懸命聞いていたらいいんです。一生懸命に聞いていると、その人は心の中で一番大事なことを話されるわけです。

そうすると、戦争中のことも話されて、自分が在日韓国人であるためにどれほど日本の人たちにいじめられたか、どんなにつらい思いをしたか、という話もされます。こういう話は、私はほかの人よりはわかると思います。私はだいぶ外国にいましたから、ある程度は人種差別とかも自分で体験しています。文化の違うところに住む怖さ、そのつらさがよくわかります。そういう話をされて、だから、自分は一ぺん祖国に帰りたかった。いろいろ調べてみると、祖国には非常にすばらしいことがいろいろある。それを思って、何とかして試験を受けて、通りたいと思っていた。

昔の親類もあるし、あそこも行きたいし、ここも行きたいしと思っていたという話をされているうちに、だんだん気がついてこられて、しかし、先生、遠い親類でも自分がぱっと行ったら、韓国の方はお客さんが来たらものすごい歓待する。歓待するけれども、当時のことですから、歓待をした分、ほんとうはものすごく困るかもしれない。ご飯をたくさん食べるだけでも大変という時代ですからね。そうすると、これはうっかり親類へひょいひょいと喜んで行けない。それから、韓国の歴史はすごいと思っているけれども、実際に行ってみたら、もちろん南北の戦争もありましたからいろんなことがあって、自分の思いとは違うかもしれないとか、そういう話をされるようになります。

そういうことで、またおいでくださいということになって、二日に一ぺんぐらい、しゃべりに来られるわけです。いろいろしゃべっているうちに、今度、韓国へ行ったら、親類へ行くときにはあんまり長居をしないようにするつもりですとか、こういうところを見に行くつもりだったけれども、これは割愛したほうがよろしいですとか、そういうことを具体的に話をされまして、四回目ごろは、「おかげで元気になりましたから行ってきます」と言われるんですね。

それでもよかったんですが、せっかく易の話がありましたから、私が「易はどうなっていますか」と言いましたら、「あっ、そうですね、そんなことで来たんでしたな」と言われるんですね。私がそのときに「考えてごらんなさい、すごくおもしろいと思いませんか、高みに上がるものは落ちるというイメージはすごいじゃないですか」と言ったら、はっと気がつかれました。つまり、我が祖国というのをものすごく高く見て、日本でつらかった分だけそこまで思って、おそらく行かれたらいろいろ大変なことが起こったんじゃないでしょうか。自分の思いと全然違う祖国が見えたり、あるいは親類へ行って自分は喜んでいるのに、親類の人は非常に困り者が来たと思われるかもしらんですね。

ところが、それを非常に現実に足のついた話にして行かれたわけですね。だから、そこにコンステレートしていたことは、まさに高みにのぼるものは落ちる、だから足を踏みしめて自分の国へ帰るということだったのではないか、というふうに思います。そういうふうに申し上げましたら、「ほんとうにそうですね。帰ってきたら報告にきます」と言って韓国へ行かれました。そして、後で報告に来られました。この方は、ひょっとしたらいま、日本と韓国のために随分活躍しておられる方かもしれませんが、その後は知りません。

こういうときに大事なことは、言ってこられたことに飛びつくのではなくて、すごく情動が動いている、その下のコンステレーションということについて、黙って聞いていると出てくるということです。その中でコンステレーションを読み取って、最後のところではその話に持っていくことが大切だと言えると思います。

母なるものの元型

次に、これは私自身の例を申し上げたいと思います。また、一九六五年に戻りますが、スイスから帰ってきたときのことです。当時は、家族で外国へ行くなんていうことは非常に珍しかったので、われわれ家族が帰ってきたというので、親類の人がみんな集まって、お祝いをしてくれたんですね。そして、お祝いにタイを食べておりましたら、私の母親ののどにタイの骨が刺さりまして、しかもすごく大きいのが刺さったんですね。魚の骨ぐらいと思ったところが、なかなかそうはいかなくてお医者さんへ行って、それも簡単にいかずに、随分苦労するんです。専門家の医者のところへも行きました。私はそのときにすごく考え込んでしまったんですね。祝いの骨が母親をいわば殺そうとしているといいますか、母親に敵対関係を持っている、それはどういうことかと思ったんです。

ところが、その後すぐに私は実家に帰りました。母親が私を送ってくれるときにぱっとタクシーの扉をしめようと思ったら、母親が手を出しているところだったので、危うく母親の手をつぶしてしまうところでした。このときも、何か母親に対して、すごい攻撃性が加えられているということを感じました。そして、私と母親との関係ということをすぐ考えましたね。考えてみたんだけれども、そういうことはあり得ない。長い間、アメリカでもスイスでも分析を受けてきた体験を踏まえていますから、私は今さら母親に対して攻撃的な心を持つはずがない。それに、こういうことが起こっているということは、私の母ということではなくて、元型としての母。母なるものというものに対して、何か非常に攻撃的なことが行われようとしている、私はその中にいるんじゃないかというふうに思いました。

そうすると、しばらくたって、学校へ行かない子供さんが私のところへ相談に来ました。このごろ増えましたが、当時は珍しかった不登校の子です。その子が、私の著書にも書いておりますけれども、肉のうずの中にぐうっと巻き込まれて、叫び声を上げて目が覚めたという夢を報告されました。私はそれを聞いて、肉のうずというのはほんとうに母なるものというか、肉の中に全部吸い込んでしまうという感じですから、これは私の問題とか、この子の問題とかではなくて、日本文化というもの、あるいは日本の社会というものが、母なるものの元型にすごく大きい影響を受けて動いている社会なんだなということを思いました。そういうところへ自分は帰ってきたんだ。そういうところへ帰ってきて、そういう中で自分はどう生きるのか。そういう中で、自分は心理療法家として何ができるのか、ということをすごく思ったわけです。

それが「母性社会」というふうな言葉になりまして、発表したりしたわけですが、これが時々誤解されまして、「母性社会なんて言ったって、日本にはこのごろ母性的な女性が少なくなった」なんて言う人がいますが、そんなことを言っているのではないんですね。私が母なるものと言っているのは、もっと元型的なもので、すべてをのみ込んでいくとか、あるいはなるべくみんな一緒にやりましょうとか、個性というものを磨滅するようなネガティブな面——もちろん、ポジティブな面もあります——をもつ、そういう意味で母性社会と言っているわけです。やはり母なるもののコンステレーションということは、日本人全体の問題ではないかと思ったわけです。そんなふうにして考えるのが、コンステレーションという考え方なんです。

意味を見出《みいだ》すということ

この例でわかっていただいたと思うんですが、そうすると次にコンステレーションという考え方は、どういう意義を持っているのかということになります。今の話でわかると思いますが、何かに意味を見出すということがすごく大きいんじゃないかと思います。先ほどの例で言いますと、例えば高島易断を見て、飛行機が落ちると思ったときに、そんなばかなことを考えるなとか、あるいは易なんていうのは当たるんだとか、当たらないんだとか、そんな議論じゃなくて、それを見て不安に感じた自分にとっての意味、その意味は何かということですね。先ほども言いましたように、自分は祖国というものに対して、あまりにも高いイメージを持ち過ぎていなかったか。そして、そこへ今から自分が帰っていくということ、そこを訪ねていくということの意味をどう考えようかという問題になりますので、その人がどう生きていったらいいかということの意味がはっきりわかる。これが、私は大事なことだと思うんです。

例えば、私が学校へ行かない子供に会っていても、学校へなかなか行かない。そして、何とかかんとかするうちに、とうとう行くようになった。ただ、行かなかった子が行ったというだけではなくて、その背後にある母なるものの意味を感じる場合、私がその人に会っているということに、私自身にとってもはっきり意味があるわけです。つまり、学校へ行っていないというつまらない人を、私のような健康な人が何とか引き上げて、学校へ連れていってあげるというような意味じゃなくて、中学生としてあなたも日本の母なるものと格闘しているんですか、私もしているんです。格闘のレベルなり、格闘の質なりは違うけれども。そう考えると、私はその人にお会いしていることの意味が非常にはっきりする。

この意味がわかるということは、人間にとってすごく大事なことじゃないでしょうか。意味がわかるかわからないかで、ほんとうに違う。わけのわからない仕事を長続きさせることは非常に難しいです。意味がわかっているからやるわけですね。そのときに全体を見て、この意味だとわかる。そして、そのときに、こういう考え方は因果的な考え方を補うのです。因果的に物事を考えることは、人間にとって非常に大事なことでして、こういう原因があって、こういう結果があるということがわかりますと、その現象を私がコントロールできるようになります。つまり、これを押せばこう動くということがわかれば、動かしたい分だけ動かせます。あるいは、このマイクでも、どうしたら高くなるか低くなるかわかっているので、私にちょうどぐらいに高くすることができる。こうすればこうなるということが非常に大事ですので、人間は何とかして因果関係を見つけようとします。因果関係を見つけたら勝ちですからね。

ところが、人間が自分のことを考えたり、他人のことを考えたりするときに、因果的に考え過ぎると、間違いを起こすのではないかと思うんです。これは例を挙げるとわかりやすいと思いますが、われわれのところへ来られる人が必ず、「なぜこうなりましたか」と理由を聞かれますね。子供は学校へ行っていないんです。先生、どうしてですかとわけを聞かれる。そうすると、子供もかわいそうなんです。みんなも、わけがわかったら治ると思っていますから詰め寄るんです。そうすると子供に、「おまえ、何で学校へ行っていない、理由を言いなさい」と言うと、ほんとうは理由なんてわからんです、本人は。ただ、行っていないんです、要するにね。

学校へ行っていないという子は、多くの場合は本人もほんとうは行きたいぐらいなんです。本人も行こうと思うし、前の晩に時間割をしたりするぐらいなんだけれども、行こうと思っても、何か動けないものがあるんですね。ところが、親が、「あんた、何で行ってないんですか、理由を言いなさい」と言うと、無理にでも言わないかんと思って、やっぱりサービス精神が出てきて、途中に犬がいるからとか何とかって言う。そう言うと、親のほうがほっとして、犬か、あの犬をのけようというようなことで、犬がのけられると困るんですね。次の理由を考えなければいかんわけですから。そうすると、先生がちょっと怖いとか言うと、先生が怖いから行っていない、これは学校が問題だということになりますね。

そのときに私がよく思うのは、何が理由かというときに、なるべく「私」という人間を理由にしない。おまえが理由だと言われると大変なことになりますから。子供が学校へ行っていないと、お母さんはなるべくお父さんが悪いからではないかと思いたがっているし、お父さんはお母さんが悪いと思っているような気がする。つまり、こういうことなんですね。「私」という人間は外にいまして、ここで何か起こっている、ここで原因があって結果がある。だから、ここを押せばこう治ると、こうやりたいんですね。「私」は何を考えているかといったら、ボタン押しをやりたいわけです。どういうことかといったら、お父さん、反省しなさいとか、文科省はしっかりやれとか、そういうふうにぱっと言うと、「私」は安全なんですね。

全体がお互いに関係をもつ

ところが、実際はそうじゃないでしょう。人間が生きているということは、こんなことではないんです。現象の中に私が入っているんです。私が入っているということは、全体がお互いに不思議な関係を持っていることだ。そうすると、例えば自分の子供が学校へ行かない。そのときに、だれが悪いというんじゃなくて、この子が学校へ行かないということに、どういうことがコンステレートしているのか、その家に、その社会に、あるいはその個人に。というふうな見方をすることによって、われわれの生き方が変わってくる。

それで、コンステレーションという考え方をしますと、全人間、全人的なかかわりをしたくなる。因果論の考え方のほうは、要するに頭だけで物事が処理できたり、指先一本でできるわけです。この指先一本で物事をするというのは、最近の機械がみんなそうですね。ぱっとワンタッチでダッダッダといろいろできるわけです。それが一般化しているので、自分の子供をワンタッチで学校へ行かせたいわけですね。これはよく言いますけれども、ほんとうにそう言われたお父さんがおられますからね。「先生、これだけ科学が発達して、ボタン一つ押せばロケットが月に行っているでしょう。うちの息子を学校へ行かすボタンはどこにあるんですか」って言われた方があります。父親は現象の外におって、ボタンを押して子供を学校へ行かせたい。しかし、これはできないんです。なぜかというと、子供は生きていますから。子供が生きているということは、命を持っているということは、ワンタッチで動かすことができないし、命を持ったものと命を持ったものが会うということは、関係ができてくるということです。そのときには、全体的なコンステレーションを読むと、そうだ、そうすると、私はこう生きねばならないとか、うちの子供が学校へ行かないことの意味は、私にとって何を意味するのかというふうになってきまして、自分が動いていこうということになります。だから、コンステレーションを読み取るということは非常に大事なことです。

つまり、先ほどの例で言いますと、私が日本における母なるものとどう関係してゆくのかというような感じで、あるいは在日韓国人の学生さんが単に易を信じる、信じないじゃなくて、自分はどのような考え方で、どのような態度で祖国へ帰っていくのかというふうに考える間に、自分がかかわってくるんですね。そして、現代という時代は、全人的なかかわりがちょっと少なくなり過ぎているというふうに思います。それは、いろんなことがあまりにも便利になりましたからね。実際、われわれは切符を買うときに、全人的かかわりを持って切符を買いに来られたらたまったものではないと思うんですね。「京都へ参ります」とか全力をあげて言われても大変ですが、小さい声で、「京都」、「はいっ」と機能的に動いているときには全人的にかかわらない。だから、声までみんな、機能的な声になるでしょう。

例えば、電車で「次は京都」というふうに言われますね。そのとき、「次は京都でっせ」とか車掌さんが言いに来たら、こっちも「えっ」となりますが（笑）、そうはやらない。近代というのは、そういうふうに全人的かかわりを避けて、機能的に能率よくというのをやってきたんです。これは、僕は悪いと言っていません、成功しているんです。場合によっては非常に成功しているんですけれども、それをどんなときでも、家庭でもやろうとするところにすごい誤りがあるんじゃないか。そのときに、私が言いましたような見方は非常に意味を持っている。

ただし、何でもいいことというのには悪いことがあるものでして、コンステレーションとか、こういう考え方が好きになり過ぎるのも問題です。こういう人は、何でもコンステレーションに見えてくるんですね。例えば、きょう、ここへ来られて、コンステレーションというお話があるなと思って、帰りにそこらを歩いておられますと、イタリア会館で占星術について話をしている。これは星がコンステレートしている。今晩から天文学をやろう（笑）とかすると、現実からがたがたとずれてしまうんです。

コンステレーションを私が読む

しかし、コンステレーションというのは、私がそう読んだのだというふうに言えるところがおもしろいと思います。つまり、これを押したら動くという場合、これは私じゃなくてもどなたがやられても動くわけです。ところが、先ほどの易の話にしても、「ああ、そうですか、その易の意味を私はこう考えます」というふうに言われたために、その学生さんは態度が変わってくるわけです。ほかの人が易の話を聞いても、何も思われないかもしれません。コンステレーションの読みという中に、その人の個性が入ってくるところが非常に意味を持っているんじゃないかと私は思います。だから、私はこう読んだと言うべきだと思うんです。これが正しいというんじゃなくて。そんなふうに考えまして、私は心理療法家としてコンステレーションということを大事に考えるようになりました。

そうしますと、私はさっきのマイヤー先生じゃないですけれども、来られた方の心の中の底のほうに、何かコンステレートするようなことができるだろうかと考えまして、私の得た結論は、文字どおり私が何かをコンステレートするなんていうことはできない。できないけれども、自己実現の過程が起こりやすい状況にするということはできるのではないかと思うのです。

それは具体例で言いますと、私の前にどなたかが来られて、「私は学校へ行っていない」ということを言われますね。そうすると、普通の人はすぐに質問して、「あなたはいつから行っていませんか」とか、「なぜ行っていないんですか」とか尋ねていくわけですね。そうすると、話がすっと限定されていくわけです。ところが、われわれは、その方が「私は学校へ行っていないんです」と言われても、「行っていないんですか」と言うだけで、開いた姿勢で待っているわけです。開いた姿勢で待っているということは、その人が学校へ行っていないという次に、私の父親はこんなことをやっていますと言ってもいいし、何にも言わなくてもいいし、極端な場合は寝てもいいわけです。時々、実際に眠る人もあるぐらいですね。その人にとっては、そこで休むということがものすごく大事なことだったろうと思いますね。

そういうふうな、何事が起ころうと大丈夫というふうに開かれた態度に持っていく。そして、できるだけ開かれた態度でコンステレーションを読めたら読みましょうと思っている。それから、読みについていろんなことを知っていること。いろんなことを知っていると言いましたが、例えばさっきから出ている易経《えききょう》なんていうものは、そういうコンステレーションを読んだことの一つの非常にすばらしい例ではないかと思います。易経をお読みになったらわかりますが、いろんなイメージが出ていますね。山はどうなっているかとか、川はどうなっているかとか、星はどうなっているか。ぼーっと見た全体のイメージというものは、ある種のまさにコンステレーションを成しているわけです。そういう読みのイメージを私自身がたくさん持っていることが大事ではないでしょうか。

そして、そういうものをたくさん持ちながら、その人がどう動いていこうと大丈夫ですというふうにしていると、その人の心の中から深いことが出てくるわけですから、その場合、表現としてはマイヤーさんがコンステレートしたというふうな言い方をしてもいいけれども、実際はそうでないと私は思います。厳密に言うならば、そういうコンステレーションが非常に起こりやすい状況に持っていくということじゃないか。

余計なことをしない、が心はかかわる

そして、言ってみると、最もコンステレートしやすい状況というのは、われわれが余計なことをしないということだと思います。これは簡単なようで、ものすごく難しいことです。自分が考えましても、反省しても、どうしても何かしてしまうんですね。それは困った人を助けようという気持ちがすぐに出てきて、ほんとうは助けられることはないんですけれども、どうしても助けたくなってくるんですね。そうじゃなくて、私が助けるのではない。この人の心の中に何かでき上がってくるんだということがもっとわかれば、相当なときでも待てると思うんですが、なかなかそうはいきません。

だんだん訓練して、そんなふうになってきたと私は思いますけれども、なかなかそうはなりません。

何もしないというと、ほんとうに何もしないんだと思う人がおりましてちょっと困るんです。「それやったら、私はいつもやっている」なんて言う人もおられます（笑）が、そんな単純なことではなくて、何もしないというのは、心はほんとうにかかわっていくわけです。余計な手は出していないですけれども、心はほんとうにかかわっていくわけです。だから、どなたかが「私は死にたい」と言われるときには、その死にたいというところに私の心は全面的にかかわっていかなくちゃならない。その死にたいという表現によって、この人はどのようなコンステレーションを表現しようとしているのか。そのようなコンステレーションの中に私はどう生きるのかというふうにはなっているけれども、「死にたい、それじゃ助けましょう」とか、「やめておきなさい」というふうにはすぐにはいかない。私の力の及ぶ限りは、その人の死にたいというほうへついていこうとするわけです。

そのときに、私が心から切れてしまって、この人の中に何がコンステレートしているだろうという見方をしても、絶対にこれは通じません。私も含めた全体として何がコンステレートしているか。そして、もしそういうコンステレーションがあるならば、私もその中に生きるということなんです。そういうことをするのが心理療法家の役目であり、それを実際にそうだというのではないけれども、わかりやすい表現をすれば、マイヤーさんのように自己実現の過程をコンステレートするという言い方をしてもいいんじゃないか。そういうことを私もやってみようと考えてきました。

気配を読み取る

ところで、このコンステレーションということを非常にうまく示してくれている例があります。これは私の好きな長新太《ちょうしんた》さんの絵本なんですが、傑作なのがありますから、ちょっと見てもらおうと思います。長新太さんは、ほんとうに天才的と言っていいぐらいの人ですけれども、この方の絵本に『ブタヤマさんたら　ブタヤマさん』という絵本があります。このブタヤマさんの絵本があんまりすばらしいので、ちょっと皆さんに見ていただきたいと思います。

これがブタヤマさんの表紙です。これがブタヤマさんです。ブタヤマさんはチョウをとるのに夢中です。後ろから何が来てもわかりません。夢中で前を見ていますから、後ろから何が来てもわからないんです。そうすると、ひゅーどろどろどろ、ブタヤマ

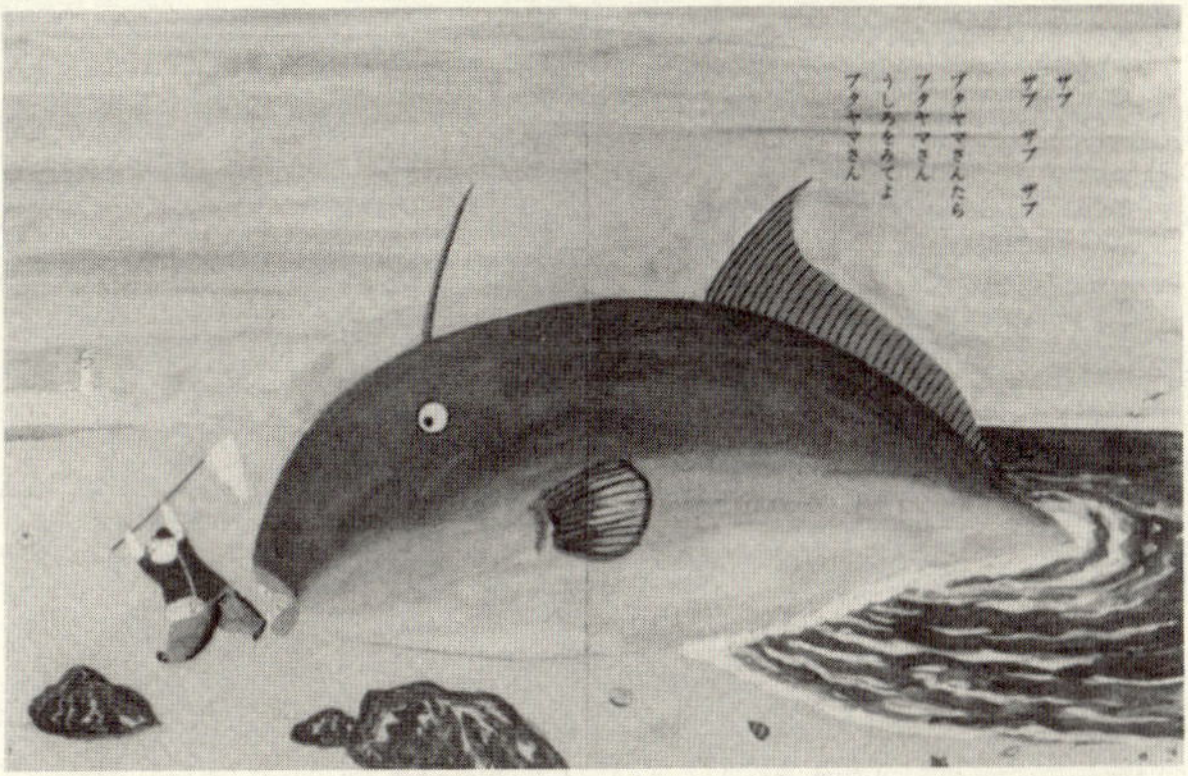

長新太『ブタヤマさんたら　ブタヤマさん』(文研出版，1986年)より

さんたらブタヤマさん、後ろを見てよ、ブタヤマさん、こんなのが出てくるわけですが、ブタヤマさんは前だけを見ているのでわかりません。次は、こんなやつが出てきます。後ろを見てよ。ブタヤマさんは、まだチョウばっかり見ています。こんなのも出てきます。セミがおしっこをしていますが、後ろを見てよ。こんなのも出てきます。まだ、ブタヤマさんは前のチョウばかり見ています。こんなのも出てきます。後ろを見てよ、ブタヤマさん。

そこで、とうとう「何、どうしたの、何か御用」とブタヤマさんが後ろを見て言いました。後ろには何もいませんでした。ここが大事なんですね。これ、すごくうまいと思うんですが、ここだけ絵がないでしょう。白紙になっているんですね。

また、ブタヤマさんは前を見て、チョウをねらっていると、また、ブタヤマさんと、こういうのが出てきます。こういうすごいやつも出てきます。ブタヤマさん、相変わらずチョウに熱心です。また、こんなのが出てきます。みんな、後ろを見てよと言っていますね。ヘビも出てきました。そして最後、「何、どうしたの、何か御用」とブタヤマさんが言いました。後ろには何もいません。ブタヤマさんは、またチョウをとりに出かけます。風がそよそよと吹いているのでした。

えらいのどかな風が吹いているんですが、要するにコンステレーションを見るということは、いいときに後ろを見ないとだめなんですね。ぱっと見たら、ぱっと見えるんです。ところが、それを見ないとわからない。これは、私、すごく衝撃を感じましたのは、ブタヤマさんがチョウをとりに行っているでしょう。チョウというのは、ギリシャ語でプシケでして、これはチョウでもあるし、心でもあるんです。そういうふうに見ますと、このブタヤマさんというのは心理学者のような気がするんですね。心理学者は心を追いかけて、ばーっとやっているんですけれども、後ろからいろんなのが来ているのに全然見ない。時々、非常に上手に、何にもないときに後ろを見るんですね。そして、言うんです。「後ろを見ました、完全に見ました。何もありませんんでした。そよそよ風が吹いてきました」とか何とか言って、「私は実証的にやっております」と言うんだけれども、一番大事なときに後ろを向いていない。

私は、チョウを相手にしているところが特に印象的だったので好きだったんですが、これは皆さんがよくご存じの鶴見俊輔《つるみしゅんすけ》さんと対談したときに、長さんというのはすごいですなと言うので、この話をしたら、鶴見さんがええことを言われましたね。「ああ、気配がわからなだめですな」と言うんですね。後ろからこう来ているのは、気配というものなんです。だから、われわれ心理学とか臨床心理学をやるものは、気配を読み取らなくちゃだめなんです。前ばっかり見て、何もないときに後ろを見て、前も後ろも何もありませんというんじゃなくて、気配をさとるというのも、これは僕はコンステレーションを読むということと大いに関係しているんじゃないかなと思います。

そういうことを読み取れる人間として、われわれが成長していく、努力するということが大事ではないかということを、この絵本が非常にうまくあらわしてくれていると思います。

コンステレーションと物語

スライドを出しましたので続けて見せますが、先ほどから言っているコンステレーションというものをぴたっと見せる一番わかりやすいものとしては、図形によって見せるということがありますね。それがここに見せますような、例えば曼陀羅《まんだら》のような表現は、まさに世界全体を一つのコンステレーションとして読み切って表現している。これはユングの『人間と象徴』という本の表紙に使っているチベットの曼陀羅ですが、一つの世界あるいは世界観ですね。私は世界をこう見たのだということを表現するときに曼陀羅ということがあります。

曼陀羅のことはあんまり詳しく言いませんが、ユングは自分の精神的な危機を乗り越えるときに、自分もそういう絵をかいて克服してきたわけですね。当時、ユングは曼陀羅のことを全然知らなかった。上の図（P49の上段の図）は、ユングが一番初めにかいた曼陀羅です。ユングは何も曼陀羅のことなんかを知らずに、ものすごい精神的な危機を乗り越えて、それこそ心全体が何かでき上がってくる、まさに気配、治っていくという、その感じを絵でかこうと思って、かくことによって心がますます平静になってくるというのでかいていたわけです。この下のあたりに、たしかアブラクサス

（グノーシス主義における最高神。ユング『死者への七つの語らい』に登場）というのがいると思います。ヘルマン・ヘッセはこれに感激して『デミアン』をかくんですけれども、上は明るい世界ですね。下にアブラクサスがいるわけですが、こういう曼陀羅をユングはかいています。たくさんかいていますが、もう一つお見せします。

下の図（P49の下段の図）なんかは、わりと東洋的な感じを皆さんは持たれると思いますが、ここにいるような賢者はそういう感じを持っていますね。ユングはそういうことを知らずに自分がかいて、病を克服していったわけですね。一九二八年ぐらいにチベットの曼陀羅のことを知って、自分は勝手なことをしていると思ったけれども、東洋にもそういうものがあったのだ。だから、これは非常に普遍的な意味を持っているというので、思い切って発表していくわけです。

私は箱庭療法をやっておりますが、箱庭療法でも、こういう曼陀羅の表現が出てきます。詳しいことは申し上げませんが、これはやはり全体的な中に一人の女の子と言っていいでしょうか、女性の誕生といいますか、女性というものが生まれてきたということを表現する曼陀羅（P51の図A参照）。その中にこういう花とか、貝とか、そういうものが入ってくるところがまたおもしろいところですが、こういう表現が出てきます。個人的なことは言えませんので、見せるだけで辛抱してください。こんなふうな曼陀羅もあります。非常に抽象的な曼陀羅で、これは見ていてもあんまりいい感じがしませんね。だから、曼陀羅が出てきたら、ああよかったというふうな単純なものではありません。こんなふうに世界を見ている人もあるということです（P51の図B）。次にこれも一種の曼陀羅のような感じで、ここに一人の人が橋を越えて、向こうの男性に会おうとしているところが描かれています。花が咲いて、二つの角には、動物がいますね。こういう全体的な表現（P51の図C）。

いま、こういうのをちょっとお見せしたのは、曼陀羅のことを言いたかったんじゃなくて、あれを見ておられても、皆さん心の中で何か話が出てくると思うんですね。最後のあれからどうなるんだろうとか、それから女の子が誕生して、どういう人生を生きるんだろうか。そして、考えてみますと、ブタヤマさんだって、ずっと話になっていますけれども、おそらく長さんが見たのは、だれかが昆虫採集をしているところぐらいを見たんじゃないでしょうか。あるいは、表紙にあったようなところですね。つまり、ぱっと見て、あっという、ぱっと見たことというのは、まさに共時的、一つの時間に共時的に把握されたことをみんなに伝えようと思うと、時間がかかって、これは物語になってくるということを言いたいんです。だから、コンステレーションというのは、一瞬のコンステレーションとしてぱっと見せられるんだけれども、これ

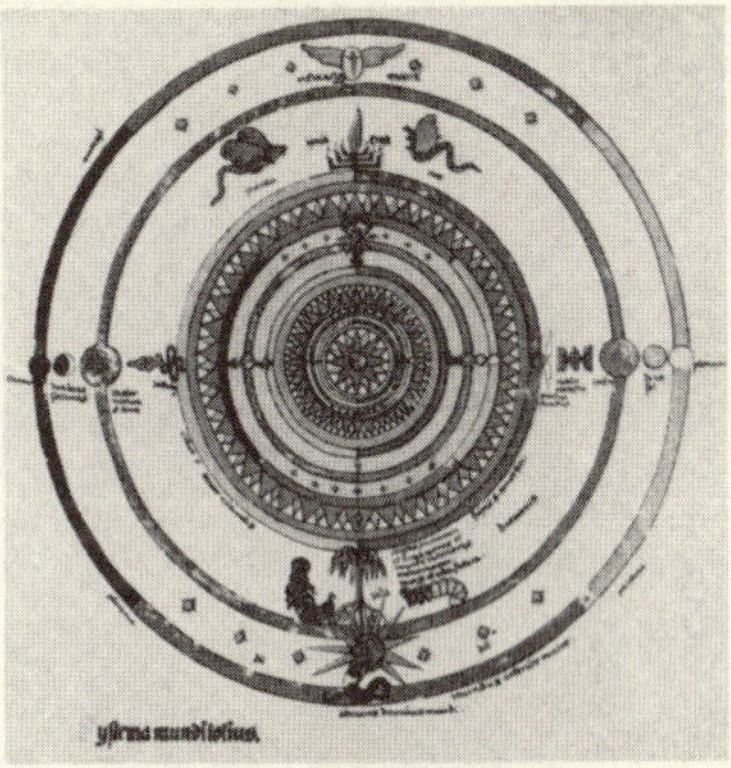

(上)ユングの曼陀羅(*The Collected Works of C. G. Jung,* Vol. 9, Part 1, Pantheon Books, 1959)より

(下)ユングの曼陀羅(*The Secret of The Golden Flower,* Routledge & Kegan Paul, 1931)より

を展開していくと物語になる。そして、物語るということによってこそ、コンステレーションは非常にうまくみんなに伝えられるのではないか。

そして、皆さん、すぐおわかりだと思いますが、物語と星座とは関係があるでしょう。あんな星を七つか八つ、ぱっと見ただけで、あれが物語を生み出してくるわけです。人間の心というものは、このコンステレーションを表現するときに物語ろうとする傾向を持っているということだと私は思います。いま図だけを見せましたが、例えばモーツァルトが同じようなことを言っていますね。モーツァルトが、自分は自分の交響楽を一瞬のうちに聞くんだと言っていますね。だから、モーツァルトがぱっと把握した、これというコンステレーション。それをみんなにわかるように時間をかけて流すと、二十分かかる交響楽というふうになってしまった。それと同じようなことで、星の姿というものを話そうとすると、ギリシャ神話のような話になってくるというふうに言うことができます。

だから、われわれの人生も、言ってみれば一瞬にしてすべてを持っている。例えば、私がいま話しているこの一瞬に、私の人生の過去も現在も全部入っているかもしれない。それは、時間をかけて物語ることができると考えられまして、私が心理療法の仕事をしているのは、来られた方が自分の物語を発見して、自分の物語を見出《みいだ》していくか

図 A

図 B

図 C

れるのを助けているのではないかな、と思っています。私がつくるのではなくて、来られた方がそれを見出される。

日本の神話をいかに語るか

私自身はいま、その物語ということに関連して日本の神話にすごい関心を持っています。日本の神話については、実は一九六五年にユング研究所で資格を取りましたときに、論文を書いたんです。そのときに試験官であったマイヤー先生が、おまえがここに書いたことはぜひ日本に持って帰って知らせるべきだと言われたんですが、私はそれを日本の人に知らせるのはなかなか難しいだろうと思うと言ったのを覚えています。というのは、私自身がそうですけれども、戦争を体験していますので、日本の神話に対しては非常に恨みがあるんですね。あのばかな神話のために、どれだけたくさんの人が死に、どれだけばかなことが起こったかということを知っているわけです。しかし、それは、それを使った者がばかなことをしただけであって、日本の神話そのものは何も悪くもないし、よくもない。一つのすごい物語として存在していると考えてきますと、今度は不思議なことに、日本の神話が私にとってものすごい意味を持ち始めてきました。

きょうはコンステレーションの話をして最終の講義を終わるんですが、今後は国際日本文化研究センターへ行きますので、これから何年かかって、日本の物語としての神話をいかに語るかということをやっていきたいと思っております。この次にやりたいと思っていることを最後に申し上げて、これで私の京都大学での最終の講義を終わります。

第二章　物語と心理療法

はじめにちょっとお断り申し上げますが、本来ならばこういう学会の特別講演は、学会以外の方から著名な人をお招きして講演をしていただくことになっておりまして、大会の委員長がこういう講演をするというのは非常に異例なことであります。しかし、私が理事長を任期満了で辞めさせていただくということと、京都大学も退官することになりますので、その両方のことを考えてくださって、準備委員の先生方が、最後に話をする機会を与えてやろうということになったわけです。まことに光栄なことと思ってお引き受けいたしまして、あつかましいですけれども、話をさせていただくことになりました。

題は「物語と心理療法」であります。このごろ物語ということに関心をもっておりますので、そういう点から心理療法のことを考えたいと思います。はじめに私が心理療法をどう思っているかということを、もう皆さんご存じと思いますけれども、ごく簡単に申し上げていきたいと思います。

「リアライゼーション」

心理療法にこられる方は、だいたいの方はなんらかの問題を、あるいは悩みとか症状とかをもって来談されるわけですが、私がそういう方にお会いしていちばん関心をもっているところは、一人の人間、その個人の内的に存在するリアライゼーションの傾向、そういうものだと思います。わざわざ英語の「リアライゼーション」ということばを使いましたのは、私はこの英語はいい英語だと思っているからです。それは「何かがわかる、理解する」という意味と「何かを実現する」という意味との両方をもっているのです。

つまり、われわれが生きているということは、自分が実現しているということと、わかっているということを両方うまくやっているのだと思うのです。それがまさにリアライゼーションであって、個人は生まれてきたかぎりはなんらかの意味で個人としてのリアライゼーションをするのではないか。それが残念ながらなにかの理由でうまくいっていないのではないか。それを、その方が自分自身のリアライゼーションの傾向を十分に生きられるようにできるかぎり援助する、そういうことではないかと思っています。

ただし、これは一人ひとりがそうだということは、私が何かをリアライズするということと私の周囲の人たちが何かをリアライズするということが全部重なってきますので、たんに自分のことだけを考えていたのでは、それはどうしてもできない。つまり他人との関係を無視することはできない。だから、われわれ心理療法をしているものは、自分の前に座られた方のリアライゼーションということを考えるわけですが、その方を取り巻く周囲の状況、あるいはなによりも治療者自身のリアライゼーションも考えて行わねばならないということだと思います。

これは非常に困難なことでありますから、心理療法をするものは、人間のリアライゼーションはどう起こっていくのか、どのように進展するのか、どういう危険性を伴うのか、どういう意味をもつのかということについて、ある程度の知識をもっていなければならない。その知識をもっているということ自体がさきほど言いましたリアライズでありまして、自分が実現して知っている、つまり体感として知っているということがだいじだと思います。そういうことを知るうえにおいて、私は物語というものが大切ではないかとこのごろ考えはじめました。それで物語ということに関心が向きまして、このような題を出したのです。

その個人のリアライゼーションというときには、もちろん身体《からだ》のことも入ってくるし、いろいろなことが入るわけですが、きょうは物語るというテーマですから、主に言語的なほうに関心をもってお話いたします。

「語る」ということ

そこで物語を考えていこうという場合に、「語る」という動詞が関係していますが、この「語る」ということはどういうことなのかしばらく考えてみようと思います。このことをいろいろ考えていましたら、ちょうど哲学者の坂部恵さんが『かたり』という本を弘文堂から出版されまして（一九九〇年）、この本が非常に参考になりました。坂部さんが『かたり』で書いておられることをベースにして、すこし「語る」とはどういうことかということについて話をしたいと思います。

「話す」ということばがあるし、「語る」ということばがあるし、「言う」ということばがありますが、われわれは「話す」と「語る」を分けています。「昔を語る」という言い方をしますが、「昔を話す」とはまず言わない。「それじゃお話にならんじゃないか」という言い方をしますが、「それじゃ語りにならんじゃないか」とは言いません。そのように考えますと、「話す」と「語る」とはうまく分けて使われている。

「言う」というのは一般的な表現だと思います。そのなかで「話す」と「語る」を分けている。そのために、坂部さんはまず「話す」と「告げる」とを対照させています。「〜を告げる」、あるいは「告知する」というと、いまだったら皆さんすぐに連想されるのは、がんの告知だと思います。お医者さんが「あなたはがんですよ」と告知する、そういうときに使います。そういう「〜であることを告げる」。「告げ口をする」という表現がありますが、「話し口をする」という表現はありません。だから、「告げる」と「話す」はちがう。どうちがうかというと、坂部さんが書いておられるのでは、「告げる」という場合は、告げる側と告げられる側のあいだにちょっと差がある。たとえばお医者さんであれば、自分は先に診断してこの人はがんだということがわかっている。患者のほうはそれを知らない。だから、知っているものと知らないもののあいだで、知っているものが知らないものに告げる、こういう上から下という感じがある。

ところが、「話す」という場合は、「話し合い」ということばがありますが、同等に話をしているわけですから、むしろ水平に動いている。「告げる」の場合は告げるものと告げられるものの上下関係が生じてくる。この「告げる」の上下関係がもっとはっきりしますと、「宣《の》る」ということばがあります。これは神のことばを告げるわけです。だから「宣る」ということば、「告げる」ということばは、垂直移動をしていることばです。ところが「話す」というのは水平移動している。そう考えますと、「語る」というのも水平移動に近い。上下関係ではない。しかし「話す」とはちがうところがある。同じ水平移動ではあっても、「話す」と「語る」はちがう。

どうちがうのかというと、「語る」という場合は、たとえば「昔を語る」とかいう場合に、話をする私がなにかそのことについて筋みたいなものをもっている。プロットといいますか、そういうものをもっている。そういう意味で、「物語」を英語に訳すときになにがいちばんいいか考えまして、英語も日本語もペラペラにできるバイリンガルの人に聞いてみますと、「ストーリー」ということばがいちばんぴったりくるそうです。ところが「語る」という日本語にぴったりの英語はどうもないようです。というのは、皆さんおわかりだと思いますが、「語る」ということばには「だます」にちかい感じがあります。「理事長をかたってしゃべっている」とか、そういうときに使います。英語でそういうニュアンスをもったことばがあるかどうか聞いたのですが、それはないと言っておられました。

私はいろいろ考えてみて、「リレート」という英語もちょっとおもしろいなと思いました。たとえば「夢を言ってください」というときに、「プリーズ・テル・ミー・

ユア・ドリーム」というだけでなしに、「プリーズ・リレート・ユア・ドリーム」という言い方があります。それはなぜかというと、その人と関係しているという感じがあって、リレートとリレーションというのはつながっていくから、これはちょっとおもしろいなと思ったのです。が、その方は、物語というほどの感じはあまりもたないと言っておられました。だから英語ではぴったりのことばがないのですが、「物語る」というほうを名詞にすると、それは「ストーリー」になる。

ストーリーは筋をもつ

ストーリーというのは筋をもっています。「話にならない」と言うのは、話をしていても筋もなにもないではないかという意味で言うのです。「おまえのは語りにならない」と言わないのは、「語り」は初めから筋をもっているのであって、むちゃくちゃ言っている場合には語りとは言わない。

筋というのはどういうことかというと、ユング派の分析家のジェイムズ・ヒルマンがおもしろいことを言っています。フロイトはケース・スタディということをすごくだいじにして発表してきましたね。ところが、あのケース・スタディというのは本来ならばストーリーなのだと。この学会でも発表されてきたケース・スタディというのはほんとうはケース・ストーリーではないか、ということを言っているのです。

そのなかでおもしろいのは、たとえば「六歳の子どもが死にました。五日後に母親が死にました」と言うと、ただ子どもが死んだ、そしてその後五日たって母親が死んだ、という事実が並んでいるだけです。ところが「六歳の子どもが死にました。そして五日後、悲しみのあまり母親が死にました」と言ったら、つながってくる。それが筋だというのです。だから、事実と事実のあいだをつなぐものが出てきて、〝ああ、心配のあまりなんだな〟ともっていくのがプロットというものだと考えるのです。

これはケース・スタディのときのものの言い方とすごく関係してくるおもしろいことだと思います。「悲しみのあまり」というのをケース・スタディのとき入れるのか入れないのかというのはむずかしい問題ですが、ともかく「語り」というのはそういう筋をもっている。

考えてみますと、われわれ心理療法家はクライエントと話をしているのですが、クライエントの話をわれわれは「語り」として聞いている場合が多いように思います。たとえばクライエントが「このごろ学校へ行っていないんです」と言いますね。べつに何の関係もなく、「父親が大学の教授をしておりますねん」と言われると、パッとこちらは、父親が大学教授やったらやかましいんじゃないかな、そういうやかましい父親をもったら子どもは学校へ行けないのではないかな、と思ったりしてしまう。としたら、相手が話した事実を私は「語り」として聞いてしまっている。つまり筋を見つけていることになります。そういう筋を思わず知らずこちらが見つけようとしているときもあるし、クライエントはクライエントのほうでなにか筋をつけようとしていることもある。そういうところが心理療法のおもしろいところですが、それはともかく、「語り」のひとつの特徴としてプロットが入っている、筋が入っているということがあります。

次にだいじなことは、そのように「私」が語るとなると、自分で筋をつけているということ自体、私という人間が入っているのです。私の考え、私の感じ、私の思想、そういうものが入るから筋がついてくる。それは単に事実を記述しているのとはちがうと思います。「語り」の場合は、「私」がそこに組み込まれてきているというところがだいじではないかと思います。

私自身のいろいろな思いとか、そういうものが「語り」のなかに入っていく。しかも、その語るときに、一人語りはだめで、相手もいることですから、相手にわかってもらうようにしなければならない。そうすると、相手に通じるように話をしなければならないという面と、自分の思いをそこに入れねばならないという面があるわけです。そう考えると、私が私のことを語るとき、「事実」という点では少しあいまいになります。これは皆さんいろいろな方が話をされるときに、それが「語り」になっているかどうか聞いておられると、よくわかると思います。たとえば自分が入ってくると、自分がこういうすごいことをやったとか、自分がどれだけすごいかということを他人に言いたくなってくる場合があります。それは自分のものが入ってくるから「語り」になってくる。

そのときに、私はよく言うのですが、私が釣りが趣味でものすごい大きな魚を釣った。体長何センチの魚を釣ったという事実ではなくて、私の心のなかの感動を語りたい、私の気持ちを語りたいという場合に、魚の長さをどのくらいに表現するかは非常にむずかしいことです。「海へ行きまして体長二十三センチのタイを釣りました」と言えば、「ああ、そうですか」と終わりになります。ところが「こんなん釣った」とか、ちょっと手で示した幅を動かしたりすると、向こうの心もそれにつれて動いてきて、おれも釣りに行こうかとその人が思ったりする。ただし、このぐらいの魚釣って、とあまり大きすぎる話をすると、相手は「かたられた」ということがわかってきます。その場合は「だまし」になりますね。つまり「語り」にはつねに「だまし」がどこかに入り込んでいるところがおもしろいのです。

自分の内的体験を語るという意味で語っているうちに、どこかに誇張が入ってしまうのか、非常にあやふやなところに「語り」は存在しています。日本語でいうと、その「語り」が内的体験の「語り」を外れた場合に、聞く側はシラけるということがあります。シラけてしまうというのは関係が切れてしまうことです。つまり「語り」が生きているあいだは、話者と聞き手のあいだに関係があるわけです。

私が体長二十三センチのタイを釣ってきたという場合は、私と聞く側に何の関係がなくても、聞いた通りそうだと思ってくれればいいわけで、べつに「関係」ということはだいじではありません。ところが、私の釣ったのを聞いて向こうも喜んでくれるとか、ほめてくれるとか、自分も釣りに行くとか、そういう二人の動きを生じさせようと思うと、そこには「語り」が入らねばならないという問題があります。

ですから、私という一人の人間が語っていても、私の主体というものは二重性をもってくるわけです。たとえば私の内的なことを語って向こうに伝えたいということと、どの程度に語ったほうがいいのかと考えることとか。私の体験ということにしても、どの程度ほんとうに体験しているのかとか、つねにあいまいさが伴ってくる。事実をそのまま伝えているのとはちがうところがあります。

詩的な言語と自然科学の言語

これはおもしろい問題で、たとえば、言語の場合でも日常の言語と、とくにそれを精選してできた自然科学の言語と詩的言語はちがうのだということを言う人がいます。それはどういうことかというと、自然科学的な言語は事実を事実のままで伝えようとする。ところが、詩的な言語というのは、「私」との関連において、私がこのコップを見たときの私の内的体験を、しかも相手に伝えねばならないという非常にむずかしいことをするわけです。だから、詩的言語のほうが「語り」に通じてきます。詩人は私が言っているようなところに非常に関心があります。

そんな意味で、坂部さんが引用しておられて、なるほどと思ったのですが、ランボーという詩人が「私は一個の他者である」というおもしろい表現をしています。簡単に言ってしまえば自分は他人だというのです。「私は一個の他者である」というのは、私は私なのだけれども、私のなかには他人がいっぱい存在していて、このコップならコップを見たときに、詩人ですからいろいろなことばが浮かんでくると思いますが、たとえば「水晶の輝き」とか「乙女の目の輝き」とかいうことばが出てくるときは、私が言ったのではなくて、だれか他者が表現しているとしか言えないようなところがある。そういう意味で「私は一個の他者である」という表現をしたのだと思います。

そのように考えますと、私の主体性が二重になるということは、じつはクライエントの人も体験していることではないかと思います。皆さんはクライエントの言うことを聞いておられたらよくわかると思います。クライエントのなかには、「うちの親父《おやじ》みたいのは死んでしまえ」と言う方があります。「うちの親父なんか死んでしまえ」と言われたときに、「それはそうでしょうね、一緒にいきましょう、どうやって殺しますか」とわれわれが言わないのは、「親父は死んでしまえ」というのは、非常にだいじな「語り」として語られているからです。つまりそれは現実にきょうすぐに親父を殺すということには結びついていない。そうかといって、その人はむちゃくちゃウソを言っているとはわれわれは思わない。そういうあいまいさを伴った表現としての「語り」というところに意味があるのではないか。

ここで評価が分かれてくるところがあると思うのです。自然科学的な言語の好きな人は、だから「語り」はやめたい。自然科学というのは言うた通りパッと伝わっているのだから、この通り伝えているのがほんとうである。客観的に物事が伝わっているのですから、私がきのうの釣りの話をして二十三センチのタイといえば、みんながその通りバッチリと思っているのだから何の問題もないではないか。ところが、私がここで「こんなタイを釣ってきたんですよ」なんて手を動かしていくと、聞くほうはどうなるかわからない。

私自身からいいましても、若いときには客観的な表現こそ本物だという気持ちが非常に強かったです。だから文学というふうなものはどうもわからん、よけいなことが書いてある。それに対して数学は数式でできていますから、公式通りに事が進みますので、数学の世界は文句なしだ。文学では、このコップが、コップはコップだと思っているのに、急に雲に見えると言ったり、水に見えるといったりします。しかも、どれがいいか悪いかなんてだれが判定するのか。だから、自然科学こそだいじなのだという気持ちをずうっともっていたのです。しかしこのごろでは、だいぶそのへんの考えが変わってきました。

そしておもしろいのは、坂部さんが引用しておられるのですが、だれのことばだったか、こういうことを言っています。歴史というのはあったことをあったままに言っている――これもあとで非常に問題になってくるのですが、あったことをあったままに言っているのはあたりまえではないか。たとえばアレキサンダー大王がいつ生まれていつ死んだ。あたりまえのことを言っているのが歴史だ。ところが、詩人というのはあったことではなくて、これからの可能性を語っている、だから詩人のほうがはるかに上だという言い方をしています。アレキサンダーがいつ生まれていつ死んだ、どこと戦ってどうしたかなどということはその通りだからあたりまえだ。ところが、詩人がアレキサンダーの偉業を歌いあげたとしたら、その歌いあげによって、だれかがおれもこういうことをしようとか、こういうことをすればこんなことが起こるのではないかしらんとか、みんなが動き出すというのです。だから、未来への可能性をうたっているから、詩のほうがはるかに有効で意味が高いという言い方をしています。

つまり、まるっきり逆のことが言えるということがわかりますね。さっき言いましたように、詩というのはウソを言っているではないか、ところがアレキサンダーがいつ生まれていつ死んだというのはその通りだから、歴史こそ意味が高いではないかという言い方もできます。皆さんご存じのように、十九世紀の後半から二十世紀の初めぐらいにかけては、客観主義的なほうが学問の趨勢《すうせい》を占めました。なぜかというと、自然科学的な思考が有効であることがわかりましたので、自然科学的なメソドロジー(方法論)を使えばいちばんうまくいくということを考えた。たとえば歴史を勉強する人でも、推察をしたりするのではなくて、あったことをあった通り書く。昔のことを推察して「昔はこんなことがあったんではなかろうか」などと言うのはだめであって、ちゃんと昔の文章や建築物を調べたり、考古学者と協力したりして、ちゃんとしたものがあってこそほんとうの歴史だというわけで、歴史をやる人も科学的にやらなければならない。皆さんご存じのように、心理学も科学的にやらねばならないという考え方が非常に強かったのです。

科学の側の反省――語りの大切さ

ところが、最近になってすごい反省が出てきた。それはどういうことかというと、そんなふうにいっている歴史学者にしても、すべての科学者はそんな虚心坦懐《きょしんたんかい》に事実を事実として客観的に述べるなどということはじつはできていない。みんななんらかの意味で自分と関連してくるのですが、それをできるかぎり自分との関係を切って述べようとしている。たとえばこのコップならコップに対して、形をはかったり、色彩を見たりしますと非常に客観的に言えます。そしていろいろ研究ができる。しかし、そういうことをやっているうちはよかったのですが、あまりに自然科学的な方法が有効になったので、自由意志をもった、命をもった人間にまで十九世紀ごろの自然科学的な手法を使うようにしすぎて、何かを失ってしまった。何を失ったかというと、自分と自分の世界との関係ということを失ってしまった。

私は、その典型的な例としてよく挙げるのですが、私のところへこられた学校へ行かない子どものお父さんが次のように言われたことがあります。「先生、科学がこれだけ進んで、ボタン一つ押せば人間が月まで行って帰ってくるこの世の中に、うちの子どもを学校へ行かすボタンはありませんか」と。私は、「ボタンはないけど簡単ですよ、さっそく行かせられます」と言うたら、「どうするんですか」と言われる。「ぐるぐるっとすのこ巻きにして放り込んだらええんです」と言うたのです。つまり子どもをモノ扱いすれば行くのです。ところが、子どもが自由意志をもち、自分の意志で、自分の人生のなかで意味あることとして学校へ行くということは、そう簡単ではない。

もちろん、ここで皆さんご存じのように行動療法というのがあります。このなかにも行動療法をやっておられる方がおられると思いますが、それも、行動療法をする治療者とされる側とにぜんぜん人間関係がなかったらできないと思います。そこに関係があって、二人の合意が成立しているから、こういう方法でいきましょうという方法が成立するのであって、そうでなくて、モノを動かすようには絶対動かないと思います。

ところが、実際のわれわれの人間関係の場合、関係なく物事をパッパッとやると簡単にいきますので、どうしても他人を自分と切れた存在として操作しようとする考え方が強くなる。それがあまり強くなりすぎますと、人間の関係性が失われるという問題が生じてきます。そういうことを反省すると、いま言いました「語る」ということが大きい意味をもってくるのではないか。これはつねに両方あるわけですね。とくに人間のことを研究する場合は、心ということをそんなに問題にしなくても人間の研究ができる場合もあります。たとえば人間の手術をする人がやたらに心のことを考えるよりは、ほんとうに身体《からだ》のことを考えて手術されるほうがよほどうまくいくわけですから、自分がどういう仕事をしているかということによって態度が決まっていく。われわれは心理療法をしている、そしてとくに私の言ったような方法で心理療法を考えているかぎりは、いまも言いましたように「語り」がだいじになるのではないか。

坂部さんも同じような意味で、もう一ぺん「語る」ということの意味を見直してみたいと言っておられます。それはたんに人間と人間の関係ということではなくて、われわれがいまやっている科学ということを見直すためにも、「語り」ということには意味があるのではないかということでもあります。

それはそれとしまして、もうすこし「語り」について言いますと、坂部さんは、「話」と「語り」と「歌」という順番に並べておられます。「話」というのはだいたい普通にあったことを言っている。「語り」になりますと筋が出てくる。そして「歌」のほうまでいってしまうと、普通の人間関係から離れてくる。それを坂部さんは緊張が緩和される方向という言い方をしています。普通の話のときには相手に対して緊張がある。語りになると、すこし緊張がとけて、歌になるとなくなるという書き方をしているのですが、これは誤解を生むと思います。

「カラオケでみんなの前で歌うときに私は緊張します」なんていう人もおられますから、おかしいように思うのです（笑）。これは自我の、自分をコントロールしようとする度合いといったほうがいいと思います。普通話をしているときよりも語りになったほうがちょっと自我のコントロールが弱まる。歌になるとますます――この歌というのはたんにだれかの歌を歌うというのではなくて、歌いあげるとか、そういう場合を考えるとわかると思います。このようにずうっと並んでいる。そしてこれらは人間にとってはどれも必要ではないか。

私はこれを見ていて思ったのですが、サイコセラピーをされる方――私もふくめてですが――は心理療法を語っているうちに、歌う人が多いと思われませんか。そういう人をみんな河合節とか、名前は申し上げませんが、ナントカ節をやったということをよう言いますね（笑）。しゃべっているうちにちょっと歌のほうへいってしまう。

それはなぜかというと、われわれが自我のコントロールをあまりにも強くして心理療法をやっていたのでは、可能性に開かれない。可能性に開かれていくということは話から語りのほうへ、歌のほうへと自分を移動させる態度が必要なのではないか。そういうことも思いました。

これは坂部さんの書かれていたことではないのですが、そういう意味で筋を見出《みいだ》していく、物事を語るといいますと、文学と近くなってきます。私は初めにも言いましたように、文学というのはあまり好きではないし、いまでも文学に対してはなんとなく引け目を感じることが多いのですが、おもしろいことに、文学者のほうから接触があったりして、いろいろな人とこのごろは話し合いをするようになってきました。そのなかで大江健三郎《けんざぶろう》さんという方がおられますが、大江健三郎さんの小説ははっきり言いまして初めのうちはむずかしすぎて、私は困っていたのですが、最近お書きになるものは私にぴったりきます。また大江さんも私に対して親近感を感じられることが多いとみえまして、わざわざ京大の臨床心理の教室にお招きしたことがあります。こちらが事例を出して大江さんにコメントしていただく、あるいは大江さんと私とで「文学と心理療法」について対談をしました。そして京大のスタッフ連中がみんな文学と心理療法ということで論文を書いて、最近の私のところの相談室の「紀要」十七号に発表したりしました。

「文体」について

そのとき大江さんの言われたことがたくさんあるなかで、非常に心に残ったことは、文体ということです。ナラティブということを言われました。どういう文体でそれを語るのか。私は客観主義のほうにイカレていましたので、文体などは信じなかったのです。文体もクソもあるか、「二十三センチのタイ」と言えばいいんで、「タイが二十三センチ」と言おうが何と言おうが、二十三センチを八十五センチというのは困るけれど、その通り言っているのに、A＋BもB＋Aもそんな問題じゃないではないか。A＋BをA×Bにしたらぜんぜんまちがってくるけれども、文体などということは、そんなに気にする必要はないし、あれはごまかしのためにあるのだろうぐらいに思っていたのです。しかしいま言ったようなことをだんだん考えてきますと、そのなかに私というものが入っている。つまり「私はこう構成しました」、しかも「私がこう構成したことを皆さんにこのように伝えるのです」、ということになってきますと、どういうスタイルをとるかということはすごくむずかしい問題になってくるのではないかと思いました。

そんなふうに思って大江さんの小説を読みますと、なるほど文体ということをすごく考えてこの人は書いているんだなあということがわかってきました。私もたくさんものを書いていますが、文体などということを考えずに思った通り勝手に書いていたのですが、このごろはちょっと意識しています。ちょっとというのは、たくさん意識したら何も書けませんので、書ける程度に意識しているということです。

私が言っていることは、皆さんもうおわかりだと思いますが、事例研究のスタイル、事例研究の書き方の問題と関係してくるのです。どのようにそれを書くのか、どのような文体で書くのかということと関係してくる。その点で、「語る」ということをやっていくためには、細かいことにすごく注意しなければならない。客観的に何かを述べる場合はその通りですから、そんなに注意しなくてもいいのですが、「語り」の世界がちょっと入ってくると、表現がすごくむずかしくなるのではないかと思います。

ひとつのエピソードを申し上げます。『読売新聞』に「老いのみち」というコラムを書いていました。もう終わりましたが、毎日六百字のコラムを書いていた。そうしますと、いろいろな人から手紙がきます。ある方から手紙がきまして、個人的なことはくわしく申しませんが、その方は非常に気の毒な方で、十何歳かのときに病気を誤診されて、いろいろ不幸なことが重なって、何度も死にそうになられるわけです。しかも、おまえの命はもうないとか、これ限りだとか、いろいろなことをお医者さんに言われたりしているのですが、奇跡的に助かり抜いて生きてきた方です。その書いておられる文章を見ましても、立派な方だという感じがしました。そして、自分は五十歳になったときに白髪が一本生えているのを見つけてうれしかったということが書いてある。なぜかというと、「ああ、私でも年をとれるのだ」ということでうれしかったということが書いてありました。

皆さんも経験されたらわかりますが、コラムなどというのを書いていますと、タネがなくなってきて死にそうになるのです。「あ、これはタネになる」と思いまして、これを書かせてもらおうと思ったのです。ふつうわれわれは白髪があったらいやな感じがするのですが、白髪をうれしいと思った方があるというのですから。ただし、その方の人生の全体をみますと、おいそれとそれを書くのはいけないと思いましたので、それを書いた六百字の文章をその方に送ったのです。そして、あなたのことをタネにこういうことを書いてもよろしいでしょうかとたずねてみました。そうすると、その方からすぐ返事がきまして、「どうぞ載せてください。ただしひとところ訂正してほしい」と書いてあるのです。どういうところかといいますと、私が「白髪を一本見つけたときには飛び上がるほどうれしかった、とその人は思った」と書いたのです。

「先生、私の手紙を読み直してください。『飛び上がるほど』とは書いてないです。ははっきりとは覚えてないけど、『白髪を発見したときはうれしかった』と自分は書いたように思っている。すいませんがそこを見て、私の書いたようにしてください」というのです。そして私、手紙を見ましたら、「飛び上がるほど」というのは文章のほかのところにあるのです。そこは「白髪を発見してうれしかった」と書いてある。

これを見て私はすごく反省しました。私の気持ちのなかで、みんなは白髪で悲しんでいるか知らんけれども、白髪を見つけて喜ぶ人もいるんですよ、ということをほんのすこし言いたくなってくると、「飛び上がる」と書いてしまう。これはすごく恐ろしいことだと思いました。幸いにもその人に手紙を送って訂正してもらったので、そのまま書きました。読んでみると、そこは「白髪一本で飛び上がるほどうれしい」と書くと、やはり読む人からみると、ウソつけと絶対思うだろう。「うれしかった」と書いてあるほうがはるかに重みがあるんです。

私はまたその人にすぐ返事を出して、非常にありがたかった、非常に教えられましたと書いたのですが、これはわれわれ臨床心理をやっているものがものを言うときに気をつけなければならないなと思いました。なぜかというと、このごろ大江さんなどと付き合うのでよけい思うのですが、文学として書いておられるときには一字一句やはりものすごく考えておられると思います。めったなところで飛び上がったりしていません。われわれはなんでもないのに急に飛び上がったりして、「語る」が「歌う」になる。自己陶酔の歌になる。そうなるとみんながシラけてしまう。パッと距離が離れてしまって逆効果を生み出すということが起こるのではないか。そういう意味でも、自分のしてきたことを語るというときに、どのような文体でどう語るかということは考えねばならない、と反省しました。

さきほどから何度も言っていますように、「語る」ということは、私の心が入ってくるということです。そのとき私の心のなかで私が意識しているだけではなくて、もっと深いところでいろいろなものが動いている。それに何と名前をつけるかはその人の好みにもよると思います。ヨーロッパの、あるいはアメリカの深層心理学の人たちはそれを「無意識」ということばで呼んでいますが、ちがうことばを使ってもいいし、東洋の人たちはむしろ「深層意識」ということばを使っているように私は思います。

私が普通に日常的に活動しているときの意識よりもうすこし深いところで、いろいろな動きがある。これをアンリ・コルバンという人は「ムンドス・イマジナーリス」といったのですが、想像の世界、イマジネーションの世界、そこでたいへんなものが動いている。そしてそれを私がどう把握するか、あるいはクライエントのそういうものをどう把握するか、これとの絡《から》み合いが、さっき言いましたわれわれのリアライゼーションということにすごく意味をもってくると思います。その「ムンドス・イマジナーリス」は、どうしても物語としてあらわれてきやすい。普通の話ではなかなかうまく伝わらない。それをそのまま話にして、しかもそれが私の通常の意識を超えているということを強調したい場合は、それは神話になると思います。

つまりその場合はまさに神話を語るといいますが、私は『古事記』とか『日本書紀』などはどうも歌っていたのではないかなと思っています。というのは、『日本書紀』の日本でいちばん古い年代の写本が天理《てんり》大学にあるのですが、見せてもらいますと、ずうっと書いてある横に赤で丸が打ってあったり、ピュッと印がついたり、謡《うたい》のようないろいろな印がついています。だから、あれはおそらく宮中で専門の人が歌うのをみんなが聞いたのではないかと思います。なぜかというと、神のことですから、『日本書紀』について水平の関係で話し合うということは起こらないのであって、『日本書紀』を歌う、あるいはのたまうということをやって、それをみんなが聞いたのではないかと思うのです。

神話は自分の存在を超えた高さということを強調はしていますけれども、その内容は、現代的にいえばわれわれの通常の意識を超えた想像的な世界が入っているのではないか。われわれがいま「神話を語る」という言い方をしているのは、神の存在を前提にして、その神からわれわれに告げられたことばとしてではなくて、それをいま読んでせめてわれわれ同士で語り合おうということだからです。「話す」とちょっとちがいますが、もうすこし水平の軸でそのことをとらえようとしているのではないか。だから、いろいろな神話を研究することによって、われわれの心の深いところにある世界を理解できるのではないかと思います。

心理療法としてのミソ・ドラマ

そういうことを思っていましたら、ちょうど『かたり』という本が出たように、おもしろいことがいっぱい周囲に起こってきます。じつは最近チューリッヒへ行きまして、向こうの人の話を聞いたのですが、日本でもよく知られているユング派分析家のグッゲンビュールという方がおられますが、その息子さんでアラン・グッゲンビュールという人の話を聞きますと、ミソ・ドラマ（神話劇）を非行少年のセラピーに使っているというのです。

それは非常にうまく考えられているのですが、非行少年の子どもたちが集まってきて、初めはちょっと名前を言い合ったり、お菓子を食べたりしてだんだんやっていくのです。いちばんだいじなところはリラクセーションするということです。ここで身体《からだ》のことが関係してくるのですが、ものすごく身体をリラックスして、みんな寝転んでどこでも好きなようにしているところで、もし私がセラピストだとしますと、私が話をするのです。その話が神話的な話なのです。

神話的な話といいますと、たとえば向こうからすごい怪物が現れた。それに対してこちらはその怪物とどうしようかと思ったとか、そういう神話的な状況を話してその途中でやめるのです。やめてリラックスしている子どもたちに、自分で話を考えたり、自分で劇をさせたりするのです。そうすると、みんながものすごく乗ってくるんだそうです。非行少年ですから、初めはたいへんでして、自己紹介などしようと思ってもむちゃくちゃやっているのですが、リラクセーションをしてその話になりだすと、非常に乗ってくる子が多いそうです。

ついでに言っておきますが、聞いていて非常に印象的だったのは、そのときに行儀のよい話をするとみんな行儀が悪くなる。つまり「昔むかしよい子がおりました。朝からお母さんの言いつけ通りに仕事をしました」などというと、みんなウワーッと怒ってむちゃくちゃする。ところが、むちゃくちゃな話、つまり怪物が出てきたので怪物をボカンとやっつけたとか、そういう途方もない話をすると、みんなすごく行儀がよくなる、ということでした。真剣に集中して聞くからでしょうが、おもしろいところだと言っていました。

いわゆるよい子がいましてて、朝ごはんを食べました、仕事をしました、などということは、通常の意識の問題です。しかしある子どもたちにとっては通常の意識を超えることが問題であり、それを根本的に揺るがさないとだめだから、普通の人がいえば「非行」ということをやっているわけで、つまり日常生活を普通にしていたのでは「お話にならない」のです。彼らは自分の「物語」を発見しようとして日常の枠を超えた行為をしてしまうのですが、それでもうまくゆかない。そういうことなら、その物語探しを正面からやってみようというのが「ミソ・ドラマ」の意図するところです。

このようなドラマのセッションが終わりますと、部屋を変えまして――ここで部屋を変える、つまり別の空間に移すところがうまいのですが――またもう一ぺんおやつを食べたりして、だんだん現実生活にもどしていくのです。そして帰るときには、みんな現実生活にもどりますよということになって、さよならするのです。だから非常に長い時間をかけて話を聞きまして、物語を生きるあるいは体験するという経過を通して、それがその人たちの心を変えていくことに自然に役に立っている。ただ話のきっかけとしては、これはときどき小学校の先生などでまちがう人がいるのですが、ああいう行儀の悪い子には行儀のよい話を聞かせればよいなどというのは大まちがいであって、むしろウワーッとやっているところを聞かせると、そこにみんな乗ってくる。つまりその人の心の想像の世界をそこで活性化するということをやっているのだと思います。

私はすごく感激しまして、「ミソ・ドラマというのはいい名前をつけましたな、日本人にとってはミソというところがミソなんです」(笑)といって喜んでいました。そしてこれを日本でやるときはコマーシャルで「一味ちがうミソ・ドラマ」(笑)といって売り出すといいといっていたのですが、それは余談であります。そういう想像の世界の活性化というふうにいいますと、それがきれいに物語になっている。

欧米の神話と日本の物語の違い

そのなかで、これはとくに強調したいのですが、これまでヨーロッパ、アメリカの深層心理学者が好きになるのは、英雄神話が多かったと思います。つまり英雄が現れて竜なら竜を退治したりして、お姫さまと結婚する。この場合、それをフロイト派の人たちがいうようにエディプス・コンプレックスというのか、あるいはユング派の人たちがいうようにグレート・マザーというのか、ことばはともかくとして、英雄が自分を確立していく経過は、やはり自我の確立ということとイメージがぴったりなので好きだったと思うのです。そしてこの点はわれわれもよく味わう必要があると思います。というのは、こうした神話は、なかなか日本には典型的なのがないのです。ありそうに見えてない。そういう点で、英雄神話というのは非常にだいじですが、それだけを考えるのは問題ではないかという反省が、むしろヨーロッパ、アメリカのほうで起こりつつあります。

ただ、これは日本人としては非常にジレンマを感じるところですね。西洋へ行きますと日本の話をしますので、ぜんぜんちがう話が出てくるからみんなすごく歓迎するのです。ところが、そうかといって、「それみろ、日本はヨーロッパやアメリカとちがうのだ」と喜んでいられないところがある。なぜかというと、われわれはほんとに英雄的な自我の確立ということをやったのかどうか、日本人はやってないのではないか。そう思うと、英雄神話というのはだいじだと言いたくなるし、それだけがだいじだといわれるとなると、ほかのもありまっせと言いたくなる。これからのわれわれとしては、そういうたくさんの物語を心に描きながら、クライエントに会って、クライエントがどういう物語を生きようとしているのか考えていくべきだと思います。

そういう意味で私は日本の物語が好きになって、いろいろ読んでいます。さっき言いました近代自我の確立という路線とはちがう路線が、日本の物語のなかにたくさん読める。そして、それをなんとか外国に紹介したいと思っています。外国というのはとくにキリスト教文化圏です。キリスト教文化圏の人たちにこんな路線もありますよということを言いたいと思っています。『とりかへばや物語』なんていうのもそういう意味から読んでいたわけです。

最近読みました本ですごくおもしろいのがあったのでご紹介しますと、『落窪物語《おちくぼ》』というのがあります。『落窪物語』というのは、十世紀ぐらいの本ですが、これはほんとうにうまくできている物語です。どんな内容なのかといいますと、おちくぼの君と呼ばれている娘さんが継母《ままはは》にいじめられているのです。〝シンデレラ〟の初めとすこし似ています。お母さんが自分の子どもをだいじにして、自分の子どもでない一人の娘をいじめて、家のなかの落ち込んだところにその子を住まわせている。落ちくぼんだところに住んでいるから「おちくぼの君」と名前をつけているのです。

ところが、そういういじめられているお姫さんはだいたい美人ということになっていまして、きれいなので、うるわしい男子がちゃんと訪れてくるのです。平安時代のことですから、うるわしい男子がひそかに忍び込んできて、おちくぼの君と結ばれていくわけです。そのうちに、継母が気づきまして、怒っておちくぼの君を物置に閉じ込めてしまう。物置に閉じ込めて出られなくするだけではなくて、継母は自分の遠縁に当たるおじいさん――六十歳ぐらいといったら私ぐらいだと思いますが――に、おちくぼの君をあんたの好きなようにしてよろしいというのです。じいさんはすごく喜んで夜に会いに行こうとするのですが、おちくぼの君もそれはわかっていますので、なんとか守ろうとする。

そうしますと、これは西部劇でもなんでもお決まりのパターンです。きれいな女性がいて、変なじいさんが現れて、そこへ貴公子がいる。はたして次はどうなるでしょうというのですが、皆さん推察がつきますか。ところがお決まりのパターンとはぜんぜんちがうことが出てきたので、私はむちゃくちゃ感激したのできょう話をしているのです。その解決策は傑作です。これが西部劇だったら貴公子が現れて、じいさんがボーンとやられて、二人いっしょに帰って、音楽が鳴って、馬車が行って、さよなら、こうなるのだと思います。しかし、そういうときに、男は助けにきて殴ったりしないのです。男のほうもおろおろしている。ここが非常におもしろいところでして、男がぜんぜん強くないのです。あのころの男はだいたい泣くか和歌をつくっているかです（笑）。

じいさんがやってきて、おちくぼの君はたいへんですから、せめてできることというのは、戸に棒をつっかえてバリケードをつくって入ってこられないようにする。じいさんは夜中に遅く行って、必死になって開かないかと思って家のまわりをぐるぐる回っている。回っているうちに、だんだんお腹《なか》が冷えてきてピチピチと音がしだした（笑）。――きょう原文もってきて読めばよかったのですが、原文を読んでいるとほんとうにうれしくなってきます。非常に細かく書いてあります（笑）。――そしてじいさんは下痢してとうとう袴《はかま》が汚れたので、飛んでいって洗ってもなかなか落ちない。必死に洗っているうちに、白々と夜が明けてきた（笑）、そういう解決になっているのです。

おそらくこういう解決は世界中ないのではないか（笑）と私は思っているのですが、簡単にいってしまえば、人間の戦いではなくて、人間の身体的自然現象が解決をもたらしている。そういうひとつの物語が堂々と語られている。しかも皆さんも笑われましたが、そのじいさんカンカンになって怒って、あんなことになっておれは失敗したとしゃべり回ったら、頼んだお母さんはじめまわりの侍女たちが「死に笑いき」と書いてあります。死ぬほど笑ったということでしょうな。ものすごいユーモアがあっておもしろいのです。

日本人の自我

ああいうのを読んでいると、ボカーンとやっつけて勝ちました、勝ったから英雄なのだというのとちがう話が人間世界にはあるのではないだろうか。つまりすごいおもしろい解決がたくさんあるのではないかということを思わされる。そういう意味でも私は日本の物語をいまたくさん読んでいるのです。

そして、これはあまり詳しく言わないでやめたいと思いますが、私には正直なところ原文はわかりません。ものすごくわかりにくいのです。現代語訳をちゃんとしてくださっていますので、原文と現代語訳を見較《みくら》べているのです。ところが原文のほうを見ていて、ほんとに感心するのは、ひとつの文章のなかで主語が入れ替わるのです。だから読んでいるうちに、どれが主語なのかはっきりわからなくなってくる。日本語ですからなんとなくわかるのですが、だれがどうして、だれがどうなって、だれがどうなったかわからないのですが、現代語訳をみますと全部主語が入れてあるので、ああそうかとわかる仕掛けになっています。英訳などありますと——たとえば『とりかへばや物語』は英訳があります——それを読むといちばんわかりやすいです。きれいに主語、述語、目的語、全部ありますから。

そして読んでいるうちに私は、もともと日本人はこの本を読んで、だれがどうしたとはっきりわからんままでみんなは聞いていたのではないかなという気がしはじめました。たとえば『落窪物語』とか『とりかへばや物語』とか、『源氏物語』にしてもそうでしょう。そういう物語を語っているときに、聞き手は、その主語はだれでしたかとか、そんなことは思わずにフワーッと聞いていたのではないかと思います。つまり人間と人間がはっきり切れて、主観と客観が切れて、主語が客語に対して何をするかという世界でないところに、あの人たちは生きていたのではないか。そういうものすごい意識の流れみたいなものがもうちょっと体感できるということが、あの物語を読むということになるのではないかなと、このごろ思っています。

そして、英語の練達の士がうまく訳して、主語も抜きにして訳したらものすごいおもしろい文学になるのではないかな、と思っています。そういうのはぜんぜん通用しないかもしれませんが、これはひょっとしたらできるかもしれないと思います。ものすごいインテレクチュアルな人たちは、ひょっとしたら新しい文学として歓迎するのではないかという感じさえします。たとえばジェームズ・ジョイスの『フィネガンズ・ウェイク』の終わりのほうなどそうです。句読点もなにもなしにダーッといきますね。あれと同じような感じで原文の流れを英語にするということを、だれか思い切ってやらないかなと思うぐらいです。

なぜそんなことを言うかというと、われわれ日本人であるということは、現代に生きていまして近代的な自我を相当だいじにしているつもりですが、われわれの意識の流れはまだまだそういうところに関係しているような生き方をしているようにも思うからです。こういう国際交流が激しい時代に、もっともっとよその国の人に対してわれわれが物語るということがひとつの義務ではないかなと思っています。

物語と人間の心のもうひとつのこととして、物語は想像、イメージですから、イメージが働いて物語になるというときもあるし、物語がイメージを喚起することもある、両方あります。なかには物語を絵にする人がある。だから日本には絵巻というものがあります。そういう意味で絵巻の研究も欠かせない問題だと思います。

「受胎告知」のダイナミズム

ことし夏にヨーロッパに行ったのですが、イタリアの北のほうの教会、あるいはそのへんを歩いてみますと、宗教画がたくさんあるわけです。それを見て思いましたのは、『聖書』を読めばたった二行か三行ぐらいのことが絵になっていて、その絵がいっぱいある。そのなかでわれわれ素人《しろうと》にもいちばんわかりやすいのは「受胎告知」だと思います。受胎告知の絵はいっぱいあります。だから、行ったところで受胎告知の絵はがきをぜんぶ買ってきました。というのは、描き方がすごくちがうのです。

それをスライドにしてきょうお見せしようかと思ったのですが、私はそういう教養があまりありませんので、そこらで読んできたことをしゃべっても、どうせ根の浅いことがわかると思ったのでやめました。われわれ何の予備知識もない素人がパッとその受胎告知を見ても、その天使の告げ方、つまり告知という場合には天使が告げるのですから、天使は事実を知っているわけです。一方マリアは思いがけないことを聞いているわけです。だから、初めのほうの受胎告知の絵には完全にこういう感じがあります。つまり天使が告げた事実をマリアはかしこんで承っている。かしこんで承っているものと、マリアは聞いてないのではないかというふうな絵があります。天使がきてしゃべっているのですが、マリアの目はまったくあらぬかなたを見ているという絵もある。これなどは、急にお医者さんから、「おいおまえ、がんだ、もう死ぬぞ」と言われたら、絶対そのお医者さんの目なんか見ることができないというのと同じだと思います。あらぬ方を見るのではないかと思います。またあらぬかなたを見ているマリアの目がすばらしい目をして描いているのもあるし、伏せているのもある。天使のほうも「そうでっせ」という感じで（笑）、きているようなものもあります。またマリアさんのほうも「あら、そう」とまでいかんですが、こういう感じでだんだん人間と人間の関係に近くなってくる。「告げる」というよりは「話す」の感じに近いのもあるし、これだけたくさんのイメージを喚起したということは、物語というのはどんなにすごいかということです。

もうひとつ私が受胎告知を盛んに見たという理由には、われわれ心理療法をしているものは、だいたい話し合いをしているわけですが、ときどき告知をしていることがあると思うからです。それはどういうことかといったら、たとえば「解釈を告げました」と言いませんか。めったに「解釈を話しました」と言わないですね。「解釈を与えました」という人もいますが、そういうときは、ちょっとわれわれが上のほうで、われわれは解釈を知っているが、向こうは知らない、だから与えるのだという感じがあるかもしれません。もっとすごい人は、「あれは非行少年だということを告げた」、あるいは「ボーダーラインであるということを告知しました」という感じになりますね。ところが、受胎告知を見ていて思ったのは、そういう告知を受けているマリアのほうがあとで昇天するのです。そういう関係だったのが、あとでは完全に逆転するといってもいいのではないか。

われわれでも来た人に、この人は登校拒否であるとか、非行少年であるとか、いろいろ告知したくなっているのですが、そのときのこういう関係だと思っているときに、じつは逆転の可能性を大いにもっているのではないでしょうか。そのように考えてみますと、受胎告知の絵はほんとにおもしろかったです。ただし、それをちゃんと研究して皆さんにお見せして、じつは歴史的に見ればこうなんですが心理的に見ればこうなんです、というところまで私はいきませんでした。だから、ちょっと思いつきのお話だけをしました。関心のある方は調べていただいたらいいと思います。

事例研究の普遍性

そんなふうに物語というものを考えてきますと、物語と心理療法が大いに関係してくることがわかると思います。つまりクライエントはクライエントのことを語ろうとしている。しかも、その語りを聞きながら、セラピストもそこからひとつの「語り」

をつくろうとしている。言うならば「語り」というのは理論とも言えるわけです。エディプスの物語の好きな方は、エディプス・コンプレックスという理論がある。ただ残念ながら落窪コンプレックスとか、落窪理論というのはまだありません（笑）が、非常に好きになったらそうなるかもしれません。このクライエントはいつ下痢するだろうとかなるかもわかりませんが、そのときに自分がどういう「語り」を好きになっているのか、あるいは相手はどういう「語り」をしようとするのか。そしてもっともっと耳を澄ました場合に、語っているのはクライエントが語っているとか、私が語っているというのではなくて、もっと深いところから「語り」が行われているのではないかという気もします。つまりクライエントの「語り」だけで終わったら、一回限りのクライエントだけの話、私が勝手に言うだけなら私だけの話です。ところが、もっともっと深いというのは、二人が共通にもっと普遍化されたところからの語りということがあるのではないだろうか。それを語った場合に、事例研究というものが、一つのことを話しながら普遍性をもってくるのではないか。

それはどういうことかというと、物語がずっと時代を超えて生き抜いてくるということと似ていると思います。昔話でも、有名な昔話、すごい昔話というのは長い長いあいだ生き永らえてきているのです。『源氏物語』はいま読んでもほんとうにおもしろい。あるいは『とりかへばや物語』もいま読んでもほんとうにおもしろい。ということは、ある個人が語りながら個人を超えている。個人が自分のことを入れながら語って普遍性をもつということと、私が私を排除してこのコップの形状はこんなんですとか、質量いくらのものが落下するとどのようになりますとかいっている場合は、「私」は抜けているのです。物語は「私」を入れているのです。「私」を入れつつそれを普遍性にまでもたらすような物語ということはいったいどうしてできるのだろうか。われわれはそれを語るための努力をしなければならないのではないかと思います。

そのように考えていきますと、われわれの学会で事例研究を大切にしたことの意義は、皆さん体験的によくおわかりだと思いますが、そこから言うことができると思います。つまり登校拒否の子どもの調査をすると、たとえば長男の人に多かったということはある程度の役に立ちますが、私がだれかに会うときにはあまり役に立ちません。ところが、どなたかの事例研究を聞いている場合は、その人がその人の「語り」、クライエントの「語り」と自分の「語り」を戦わせて、できる限り共通のところを語ろうとしておられる、こういう動きが私のなかに起こるわけです。私も聞きながら、じつは自分で語っているのです。皆さんも絶対そうだと思います。事例研究を聞いておられて、のほほんと聞いている人はないので、みんな自分のなかで何かが動いている。

しかも皆さんはそれぞれクライエントをもっておられますから、自分のクライエントとも照合しつつ、みんな心が動いているわけです。

もっと言いますと、不思議なことに登校拒否の事例を聞いているのに、自分の吃音《きつおん》の子どものことと完全に重なることがありうる。これはなぜかというと、登校拒否という症状とか吃音という症状を超えて、一個の生きた人間が一個の生きた人間を物語としてどうとらえるのかというふうに聞きますと、すごい普遍性をもってきます。そこで聞いたことは、私が初めに言ったことを思い出してほしいのですが、未来を語っている。つまり皆さんが次にクライエントに会うときに役立っているのです。事実を事実として聞いて役に立つ役立ち方と、事例研究を聞いて役に立つ役立ち方はちがっています。皆さんは、一人ひとりの人間によって、一人ひとりのなかで自分の「語り」をつくっていくという仕事をしておられますので、私は事例研究ということが、言っている内容、言っている事例の事実を超えて、もっとすごいことをみんなに伝えているし、皆さんもそれをもって帰られるから、次の臨床に役に立つということになっているのではないかと思っています。

物語と自然科学

もう時間がなくなってきましたが、物語と自然科学ということについてお話ししたいと思います。私はいま対照するために客観的な自然科学的な考え方と物語というものを分けてきたのですが、じつはもっと両者がつながってくるのではないかということを言う人がこのごろ増えてきました。坂部さんのこの『かたり』の本でも最後のところでは、こういうわれわれのイマジネーションを自由に動かして一つのプロット、語りを構成していくということは、自然科学でも似たことをやっているのではないか、と書かれています。皆さんおわかりだと思いますが、最近は新しい物理学などが強調しますように、絶対客観ということは存在しえない。必ず主体的なものがかかわっているのだということがわかってきましたので、主体的なものをかかわらせながら物語をつくっていくけれども、われわれの心理療法のほうの物語は、私をできるかぎりかかわらせながら普遍性をもとうとしているのに対して、自然科学のほうは自分をできるかぎりかかわらせないことによって普遍性をもたそうとしている。そういう差はあるにしても、この二つはみんなが思っているほどちがわないのではないか、と坂部さんは言っています。

最近感心しましたのは、中村桂子《けいこ》さんという方がおられまして、この方は生命科学の最先端の仕事をされておられますが、この方がこのごろ「生命誌」ということを強調しておられます。どういうことかというと、命あるものを対象にしてわれわれが研究するときに、従来から考えられていたような客観的な記述だけでは十分と思えない。みんなはまちがってDNAがわかったら何でもわかるように思ったりしているが、けっしてそういうことはないということを、生命科学の最先端をいく中村さんが書いておられまして、その最後に「もう残されているのは生命誌だ」と言っています。どういうことかというと、命についての物語を各人がどう語るかということ、それが科学なのだというのです。だから、これからの科学は生命科学ではなくて生命誌でなくてはならないということを書いておられまして、私はすごく共鳴するわけです。

ただ、そこでとくに思いましたのは、命という不可解なものが入ってくるからそうなっているのであって、モノを相手にする場合にそこまで言えるのかどうか。これは物理学の最先端をいっている人は、ひょっとしたらわれわれも物語を語っているのだと言われるかもしれません。そんなふうに考えますと、私が便宜上非常にちがうものとして分けたことがどこかでつながってきて、物語の意味ということが自然科学とも関連するようになってくるのではないか。

ただしここで、さっきの〝飛び上がるほどうれしい〟ではないですが、簡単に割り切ってしまって、ああ、これからの科学は物語だとか、われわれも自然科学と同じことをやっているのだと簡単に言わないほうがいいと思います。どの程度似たことをやっており、どの程度ちがうことをやっているのか。しかも、それはどういう意味をもってやっているのか。その辺りをよく考える必要があるのではないでしょうか。だからこそわれわれは事例研究をだいじにしているのだと考えていくべきだと思うのです。

ちょうど時間がきましたので、これで終わらせていただきます。どうも長いあいだありがとうございました。

第三章　物語にみる東洋と西洋

第一部　隠れキリシタン神話の変容過程

宗教性

日本人の宗教性という問題で、きょうは隠れキリシタン神話の変容過程について話をすることにしました。

隠れキリシタンのことを研究しようと思いましたのは、このシリーズ*の題が「日本人の宗教性」ということになっていますが、私のように心理療法をしておりますと、来られる方一人ひとりの人生あるいは生き方ということがたいへん大事になってくるわけですが、それだけでなく、私自身の生き方も常に問題になります。そしてその生き方を考えていくと、どうしても宗教性ということを考えねばならなくなるからです。

*これはシリーズとして行った講義のひとつ。もうひとつは第二部の「『日本霊異記《にほんりょういき》』にみる宗教性」である。

われわれが宗教に〝性〟を付けて、「宗教」と言っていないのは、特定の宗教を信じるとか信じないとかいうことではなく、宗教的なことに関わってのことだからです。これはユングがよく言っていますが、ドイツの神学者のルドルフ・オットーが言うような意味のヌミノース（聖なるものの特徴で、恐ろしくて魅惑的）な現象というものを注意深く、正面からそれを観察することだということでもあります。ヌミノースなものは、実際われわれの存在を揺るがすもので、それにあったときにわれわれは自分を圧倒する自分よりももっと偉大な存在があるということ、そしてその前では自分が非常に卑小な存在であることを意識するような体験をします。その体験を注意深く慎重に観察する。そしてそこから逃げない、そういうことを「宗教性」とユングは言っています。

もちろん、それを体験したなかからいろんな宗教が生まれてくるのですが、そのときに特定の宗教としてではなくて、そのことをやり抜くことが大事だというふうに言っています。

日本には日本古来の宗教があるわけですが、そこへ仏教や道教や儒教やいろんなものが入ってくる。そして最後になってキリスト教が入ってくる。私がキリスト教のことに関心をもつのは、われわれ現代の日本人は、西洋の文化にすごく影響されている、そして西洋の考え方をずいぶん取り入れているからです。自然科学のなかでも、特に西洋に起こった近代科学をわれわれは非常に大事にして生きているわけですから、西洋の考え方を無視することができない。そして西洋の近代科学を勉強すればするほど、私はその背後にキリスト教があるということを考えざるをえない。おそらくキリスト教というものがなかったら、西洋の近代科学は出てこなかっただろうと思うぐらいですが、そのような意味で、キリスト教が現代に生きている人間にとっては非常に大事だと思うのです。

そういうキリスト教に直面して、われわれ日本人が一体どのように考えるか、どう受け止めるのかという問題が実はきょうお話することに関係があります。皆さんご存じのように、キリスト教は十六世紀に日本に渡ってきて、日本人はそれを取り入れて、日本人なりに受け止めていくのですが、すごい弾圧があったために、二百五十年のあいだ西洋人の宣教師なしでそれを持ち続ける人たちが出てくることになる。それが潜伏キリシタンといわれたりしていますが、表面上は日本にはクリスチャンは誰もいないことになっていたのですから、これはすごいことですが、二百五十年も隠れ切った。その人たちが聖書から得た話をずっと継承して持っていて、それが隠れキリシタンの人たちの神話として残っているということがわかったわけです。

その一節をコピーしたものを皆さん持っておられると思います。『天地始之事《てんちはじまりのこと》』の

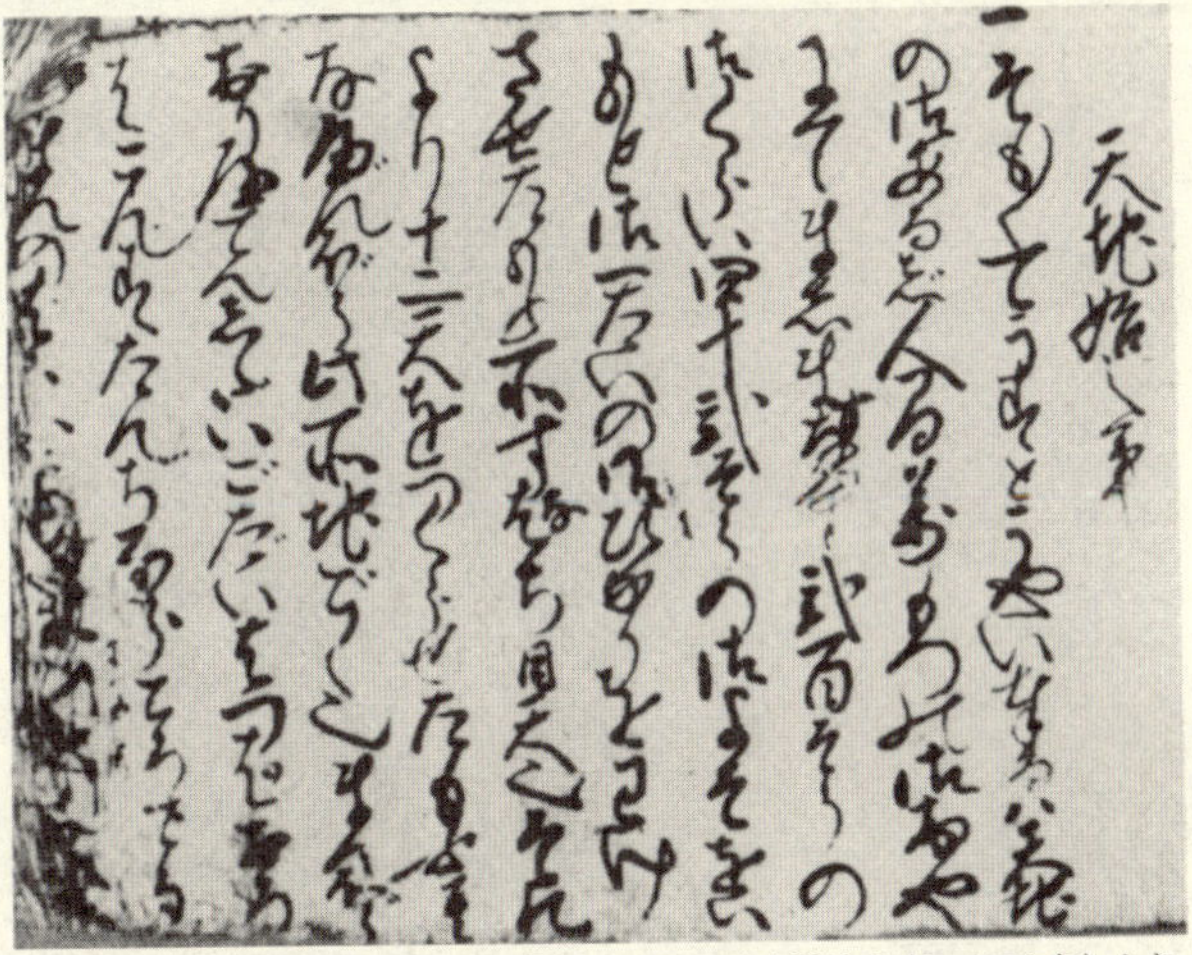

『天地始之事』(日本思想大系 25「キリシタン書」岩波書店，1970 年) より

初めの部分があると思います。そういうものが幸いにも残っていたわけです。それを初めて読んだときに感激しましたが、われわれには幸いにもバイブルがちゃんとありますから、もともとの話はわかるわけです。そのバイブルと違う話を宣教師の人はしたはずがないと思うのです。だから宣教師の人が話をして、それを日本人が聞いて、それが大事だと思って、さらに口伝えにしていくんだけれども、宣教師がいなくなってしまったので、だんだん変わっていったんでしょう。おそらく日本的に変わっていって、それがいま残っているというわけです。そしてそれをみま

すと、日本人の宗教性について非常によくわかると私は思いました。そのことについてこれから話をするわけです。

これは人によって考え方が違うと思いますが、オーソドックスなキリスト教の考え方の人でしたら、こんなのはけしからん、こんな変な話をして、というふうになるかもしれません。が、私はそういう意味ではなくて、神話というものが人間の心の中で変わっていく、しかもその中に、自然に日本的なものがずっと入り込んできて、それをみると日本人の宗教性がよくわかるのではないか、そのような観点からこれを見ようと思います。いろんな研究の方法があると思いますが、私がいちばん見たいのはそういうところなのです。

隠れキリシタンとは

もうご存じの人が多いと思いますが、初めに簡単に日本のキリシタンについて復習しておきます。これは実はエラノス会議——スイスのアスコナというところで行われる会議で、そこに招かれて私はよく行っていたのですが、経済的な事情でもう終わりになるというところを、アスコナ市の人たちなどが頑張りまして、また再開されることになりました——の第三回に、今年の夏招待されたのですが、そのときに話をしたことをいまからお話するわけです。

エラノス会議は皆さんもうご存じだろうと思いますから詳しく言いませんが、東洋と西洋の考え方の出会いの場として、一九二八年から始められました。ちょうど私の生まれた年です。私が生まれたからできたわけじゃないと私は思っていますが（笑）、一九二八年からエラノス会議が出発しまして、その途中からユングが入って中心人物になり、そこへエリアーデなども参加してくるし、ノイマンも参加します。いろんな有名な人が参加して、延々と続いてきたわけです。

エラノス会議ではいつもテーマがありまして、今年は「ミグレーション」（移動）ということがテーマでした。そういうテーマを与えられて、それについて講師が発表するわけです。その「ミグレーション」というテーマを聞いたときに私が隠れキリシタンのことを思ったのは、私が考えた「移動」は、民族がどこかに移動するとか、誰かが旅をするというのではなくて、キリスト教が日本に入ってきて、日本人の心の中で移動した。日本人の心の中で動いているうちにだんだん変わってきた。そういう意味で、神話が心の中で移動していくと変わっていくのだということでした。

まず日本のキリシタンの復習をしておきますと、年表（P111）がありますが、これは京大に研修にきておられた老松さん、太田さん、田中さんという方が病跡学会で発表されたものをそのまま借りてきたものです。

一五四九年にフランシスコ・ザビエルが来日しています。シャビエルと書く人もいますが、このザビエルという人は、イグナチオ・ロヨラと一緒に伝道を始めた人です。ちょっと横道にいきますが、イグナチオ・ロヨラは、皆さん覚えておいてほしいのですが、エクゼルシティア・スピリトゥアリア（霊操《れいそう》、黙想による修行）を始めた人で、これは、ユングが言うアクティブ・イマジネーション（能動的想像）と非常に似たことをやっているので、私は前から関心をもっていました。そのイグナチオ・ロヨラとともにキリスト教のために仕事をした人です。

このザビエルが、日本から逃げてきましたヤジロウ——これは鹿児島の人で、ふとしたことから犯罪を犯して逃げて行ったのですが——とマラッカで会うんです。ヤジロウと話をしているうちに、ザビエルは日本という素晴らしい国が東洋にあると考えた。彼はキリスト教を布教してまわっていたのですが、他の国へ行くと、文化の程度がだいぶ低いので、キリスト教のことがなかなか伝わらなくて悲観していた。ところがヤジロウに聞くと、どうも日本という国は文化程度がすごく高いらしい。そういうところでキリスト教を宣教すれば絶対に広まるにちがいないと確信してやってくるわ

キリシタン史略年表

1549	ザビエル来日，キリスト教伝来．	布教公認
1587	秀吉の宣教師追放令．	布教黙認
1613	家康，キリシタンを厳禁．以後，京都・長崎・江戸などで大殉教．	弾　圧
1635	宗門改．	
1637	島原の乱．以後，郡崩れ・浦上一～三番崩れなど，潜伏発覚が相次ぐ．	
1858	幕府，弾圧は続けながらも，外国人のための教会を認める．	再布教
1865	プチジャンによるキリシタンの発見．	
1873	キリシタン禁制の高札，撤去．	

老松克博，太田清史，田中かよ子「『天地始之事』を通して見た日本人のこころ」日本病跡学会（1991年4月）発表配布資料より

けです。ほんとに遠いところをよくやってきたと思いますが、ヤジロウとザビエルと、あと二人ぐらい宣教師の人が鹿児島へやってきまして、島津の殿様に会ったりして、いろいろ話をしている。

この当時は、戦国時代の最中ですから、非常にいいところに来たと思うんです。どういうことかというと、日本人の自我がすごく高揚した時代だったと思います。次の徳川時代になるとそれが全く変わってしまうわけですが、戦国時代というのは日本人がいちばん自分の自我を強く主張し、自己主張した時代じゃないでしょうか。頑張れば、いちばん下の人間が秀吉《ひでよし》みたいにいちばん上までいける。実力を持ったならどんどん自己主張していけるという、日本中がそういう動きのところへザビエルは入ってきた。

そして、もうひとつ大切なことは、戦国時代ですから、みんな戦うことをものすごく重視しています。そのときに鉄砲とかの強力な武器を持ってくるわけですから、殿様がみんな宣教師に会いたがった。ですから、ザビエルが来たときは非常にタイミングがよくて、その考え方にもみんな非常に動かされますし、ともかく広がっていくわけです。

秀吉ももちろん宣教師に会っていますし、信長《のぶなが》も会って、むしろキリスト教に賛成しています。だいたい信長は仏教が嫌いで比叡山《ひえいざん》を焼き討ちしたぐらいですから、新しい考え方、しかもそれが信長のように自己主張の強い人間にもマッチしたときには、どんどん取り入れられていくわけです。

ところが秀吉が一五八七年に急に宣教師追放令を出す。どうしてかというと、もちろん仏教とキリスト教とのすごい戦いがありましたから、仏教の人たちが秀吉にキリスト教の悪口をいろいろ言ったということもあると思いますが、ひとつは秀吉がだんだん日本の中心人物になってきて、自分ほど偉いものはないという考え方になってきた。自分が全体を統一しようと思うときに、キリスト教の考え方には一神教の神があるわけですから、そういう唯一《ゆいいつ》の神を信じる信仰が広まってくると、それとうまくいかないという気持ちもあっただろうと思うのです。そういうことが重なってきて、急に宣教師追放令を出します。ただ秀吉はそれほど徹底的にキリスト教を追放したわけでもありません。勇敢な宣教師たちは日本に隠れて残っていました。だからまだまだキリスト教徒の人はたくさんいたわけです。

ところが家康《いえやす》になりますと、これはもう皆さんご存じのように、徹底的に封建制を布《し》いて、徳川の統治を安泰に導こうとしましたから、キリスト教は絶対困るわけです、唯一の神を信じている宗教などは。家康は東照宮に祀《まつ》られるような人間になるわけでそれこそ自分も神様になりたいぐらいですので、徹底的にキリシタンを取り締まります。それが一六一三年。このときにものすごい取り調べをしたり、拷問《ごうもん》をしたりしますので、殉教が多数起こるわけです。しかしそれでもまだだいぶ残っていた。

それがわかりましたので、一六三五年から宗門改《あらため》ということが全国的に行われます。これはキリスト教を取り締まるために戸籍を丹念に調べて、踏絵をつくり役人の前で踏ませる。キリスト教の信者はどうしてもキリストの像を踏むわけにいきません。あるいは踏むときに躊躇《ちゅうちょ》するとすぐ捕まえられるというわけで、この宗門改のところからはキリスト教徒はもういないと思われていた。ところがまだいまして、島原の乱が起こります。相当な戦いがあって、もういなくなったということになっていたのですが実は密《ひそ》かに潜伏している信者が長崎県の島などにいたわけです。

そして、これは黒船が来てからのことですが、一八五八年になりますと、日本はとうとう開国しました。外国の人がやってくる。そうするとキリスト教の教会がないのはおかしいじゃないかといわれて、幕府はいやいやながら、外国人のための教会はつくってよろしいと言う、しかし日本人はまだだめなんですね。だから、一八六四年には長崎に大浦天主堂が外国人のためにつくられますが、日本人は行ってはいけなかったのです。

ところが、一八六五年、まだ日本人にはキリスト教は禁止されているのですが、その頃におられましたプチジャンという宣教師のところへそっと日本の潜伏していたキリシタンの人が来まして、そして「あなたの信じておられる神をわれわれも信じているのです」というのです。プチジャンはものすごくびっくりする。そして西洋に向かって、実は日本にキリシタンがいたんだ、「私は日本の潜伏キリシタンを発見した」と言ったわけです。私はエラノスのときに冗談を言ったんですが、「私がこの話を聞くと、潜伏キリシタンがプチジャンを発見したような気がする」（笑）けれど、向こうを中心に言うと、向こうが発見したことになるんでしょう。

それでもまだキリスト教は禁止されていましたが、一八七三年になって、とうとうキリシタン禁制の高札が撤去されて、ここで禁止が解けます。だから、家康のキリシタン厳禁の一六一三年から考えますと、実に二百五十年以上、キリシタンの人はずっと隠れていたわけです。

そしてこのキリシタンの禁制がとれまして、日本人はキリスト教を信じてもよろしいというときに、約半数の人たちはカソリックになりますが、約半数は自分たちの信じていた隠れキリシタンの信仰をそのまま守ります。これはなぜかというと、二百五十年のあいだ自分たちでずっとやってきていて、自分たちの考え方があります。それに神話にしろ変わってきているわけですから。それと、おそらくカソリックの方が来られて布教したり取り入れたりするときに、何かそぐわないことがあったのでしょう。それで半数しか入らなかったわけです。

そんなふうにして、宗教が自由になったあとも潜伏し続ける人たちが出てきます。この人たちは全部、表向きは仏教か神道《しんとう》の信者になっています。そうでないと生きてこられなかったわけだから。だからあとでも表向き仏教か神道でやっておられるわけです。お葬式も二へんある。一ぺんは仏教でみんなと同じようにやって、家に帰ってからいままでやった儀式を一ぺんちゃんと取り払うことをやって、それから新たに自分たちの宗教でやり直すわけです。

そういうことなので、キリシタンの禁制が撤去された以後も誰が潜伏キリシタンかはっきりわからない。ところが日本の研究者たちがだんだんそういうところに入っていって一緒に暮らしているうちに、気心が知れてくると、「あなたも……」というようなわけで、ちょっと連れて行ってもらったり、話を聞かされたりして、だんだん実態が明らかになってきます。

『天地始之事《てんちはじまりのこと》』

そういうなかで、きょう話をします隠れキリシタンたちの持っていた『天地始之事』という神話がわかるわけです。しかしそれがわかったのは、これについてよく研究している田北耕也という方が『天地始之事』について初めて知ったのが一九三一年(昭和六年)ですから、それまで内部の人以外は知らなかったわけです。田北さんが、一九三一年に知られたときには、紋助という九十一歳のおじいさんが『天地始之事』を全部暗唱しておられて言われたそうです。だから私は大体これは口伝で伝わっていたのじゃないかと思うのです。つまり、こんなものを書いて持っていたら、まさかの場合に大変なことになって、そのあたりの人が全部殺されてしまうにちがいないですからね。

それで田北さんが『天地始之事』を一生懸命に探されまして、いまでは九つ出てきました。しかし、その『天地始之事』を書いた書面の日付はわりと新しくて、大体明治の終わりとか、いちばん古いので文政年間です。文政年間のはともかくとして、あとは明治とか大正とかに書かれていますので、要するに、キリスト教が自由になってから安心して書いたものではないかと思います。その書いたものは九つありますが、内容にあまり差はないようです。だから、いまも言いましたように、書き残されたお蔭《かげ》で、日本キリシタンのいわば神話をここにわれわれが読むことができるようになったわけです。

ところが面白い話がありまして、さっき言いましたように、プチジャンに日本の隠れキリシタンの人が会ったときに、信者の人たちが「われわれは実はこういう大事なものを持っているんです」と、『天地始之事』を持っていっているんです。プチジャンはそれを受け取った。そのときに一緒にサルモンという神父さんがおられたのですが、サルモン神父さんがあとで話をしたのを聞くと、「なにか非常に大事だというものを持ってきたので読んでみたところ（その人は日本語ができたんですね）、あまりに馬鹿《ばか》げたことが書いてあるので捨ててしまった」というんですね。

それはあたりまえで、カソリックの考え方が絶対確かだと思っている限りは、「ほんとに馬鹿なことや間違っていることが書いてあるから、捨ててしまった」というのですが、幸いにも他にも写本が残っていました。その当時のカソリックの神父さんがそんなことを問題にしなかったというのも非常によくわかります。

ところが、さっきから言っていますように、私は、何が正しいかというのではなくて、そういうもともとの話が日本人の心の中でどう変わっていったかということに関心がある。遠藤周作さんもそういうことを言っておられて、「キリシタンの研究ということで、どんな弾圧があったかとか、どのぐらい殺されたかとか、宗門改がどうだったとか、日本人は熱心に研究しているけれども、隠れキリシタンの日本化されたキリスト教の中には、日本人がキリスト教を自己のものにしようとするときの屈折度やその問題点がよく表われているような印象を受ける。ところがそういう研究がどうも少ないのではないか」と嘆いておられます。遠藤さん自身も自分でそういうことを考えて、『天地始之事』などについてエッセーを書いておられます。*

＊遠藤周作『切支丹時代』小学館、一九九二年。

その中で、「キリシタン時代とは日本と西洋との正面衝突である」という言い方をしておられるのですが、これはすごく面白い。なぜかというと、明治時代には「和魂洋才」という言葉があったように、西洋の文明開化をものすごく取り入れるんだけれども、そこにある宗教性については上手に無視してしまっている。だから近代科学をいわばうわべだけすくってきているのだけれども、近代科学を生み出してきた背後の西洋人のほんとうの宗教性というものとは正面衝突しなかったのではないか、と私は思っているんです。

私がこのように思っているのは、このごろやっと日本と西洋とが底のほうで正面衝突しだしたのではないかと思うからです。それはなぜかというと、日本の経済力が非常に強くなったために、アメリカとにしろ、ヨーロッパとにしろ、いろいろ摩擦が生じていますが、これは生じて当然で、底のところでいまほんとうにぶつかってきていると思うんです。

そのような意味でも、遠藤さんが言われるように、われわれは十六世紀のときに一ぺん正面衝突して、そこから日本人が西洋をどう取り入れていったかを知ることは非常に大事だと思うのです。その上で非常に幸いなことに、隠れキリシタンの神話が残っていたわけです。

ここでちょっと面白いことを紹介しておきますと、エラノスで発表しましたら、みんなすごく面白がられて、二時間ある質疑応答のトップに、ある方がこう言われました。私の話を聞いていると、私はキリスト教のもとの神話と隠れキリシタンの神話がどう違うかと言ったけれども、「おまえはどうして神話というのか。われわれはバイブルに書いてあることをリアリティーだと思っている。おまえはそのリアリティーをどうして神話というのか」と。

これはさすがヨーロッパへ来ただけのことはあるなあと思って感激しまして、「それは確かに面白い質問ですが、あなたはリアリティーということを言われましたが、あなたはそれをどういう意味で使っているのか、こっちが聞きたい。あなたはまさか私が話をしているまわりの壁をリアリティーと思っておられるのではないでしょうね。われわれはこれを幻想《イリュージョン》だと思っているんですが」といったのです。つまり、リアリティーとか神話とかについてはいろいろな考え方ができるわけで、「神話も現実だ」という言い方もできるし、「われわれが現実と思っていることも神話なんだ」という言い方もできるわけです。

そういうことをちょっと面白く言いましたら、その人ははっとわかりまして、「あっ、わかった。おまえが使っている神話というのは、ディメンションの異なるリアリティーをそう呼んでいるんだと了解すれば非常によくわかる」といわれました。なかなかわかりがいいので感心したんですが、私が「神話」と言っているのはそういう意味なんです。

つまり、この世の現実をどう見るか、どう把握するか。私から言わせると、自然科学というのも、そういう意味でいうと、広い意味の神話のひとつなので、われわれがいわゆる外的現実といっているものをコントロールするのに非常に便利な神話である、という言い方もできると思うのです。

創造主としての神

本文に入りますが、「そもそもでうすと敬い奉《たてまつ》るは、天地の御主《おんあるじ》、人間万物《ばんもつ》の御親にてましますなり。弐百相《にひゃくそう》の御位、四十弐相の御装い、もと御一体の御光を分けさせ給《たま》ふところ、即《すなは》ち日天なり」と、こういう文章です。こういう調子でずっと続くんですね。ときには五七調みたいなところもあって、みんなが覚えて唱えやすいようにしているのではないかと思います。

ここで「そもそもでうすと敬い奉るは、天地の御主、人間万物の御親にて……」という言い方は、この世界をつくった創造主としての唯一の神という考え方がそのままちゃんと入っていることがよくわかります。キリスト教が日本に入ってきたときに、ものすごい魅力を感じた人と、全然わからんという人があったのですが、そのどちらの日本人も何にこだわったかというと、「世界を創造した神」ということです。日本の神話は、皆さんご存じのように、くらげなすただよえる時からふわっと出てきますね。

つまり、世界がどうできてきたかという考え方に、ここが始まりだという時があって、しかもその始まりの時点で唯一の神が全部つくり給うたという考え方、そういうパターン。片方は、どこからともなくふわっと自然にできあがってくるという、そういうパターン。このように、大きく二つに分けますと、日本は、なんとなくだんだんできあがってくる、自然発生的にできあがってくるというほうの考え方できている。世界というものをそのように見ている。そこへ、唯一の神がこの世界をつくり給うたという全く違う考え方がポーンと入ってくるわけですから、それに対してものすごく感激した人と、そんな馬鹿なことはないと受け付けなかった人とがいるわけです。

そして面白いのは、ザビエルら宣教師の人たちが創造主について日本人を説得するためにまず使ったのは、何だと思いますか。自然科学の知恵です。それはどうしてかというと、日本に来てザビエルたちは感激して報告書を送り、非常に文化の高いところに来た、と言っているんです。日本ではすでにそのころ識字率がものすごく高いんです。ヨーロッパでは当時だったら識字率はまだ五〇パーセントいってないんじゃないでしょうか。なかなか字なんて読めないんです。ところが日本人は寺子屋が発達していますから、ザビエル的に言うと、それこそほとんどの人が字が読めるというわけです。そして町が非常に綺麗《きれい》に清掃されて、礼儀正しくて、頭がよくて、好奇心が高くて……と褒めるばかりですね。

そういう人たちを説得するのに西洋の自然科学についていろいろ教えるのです。そこで例えば、鉄砲の弾が飛ぶのを見せて、そして日本人が「こんな摩訶《まか》不思議なことはない」と言ったときに、「これは摩訶不思議でない」ということを自然科学的に説明する。「これは力学でいうと、こうなっている」というわけです。

それをどういうふうに言うかというと、「みんなはこんなことは魔物かなにかみたいに思っているけれども、なにも不思議ではない。要するに、世の中には原因があったら結果があるんだ」というわけです。そしてみんなが「なるほど」と言いますね。そうすると、原因・結果があるということは、いまのこの世界に対しても原因があるはずだ、と。そういうふうにずうっと辿《たど》っていったら、第一原因というものがあるはずだ、それが神だ、と言うのです。この世のつくられてくる第一の原因としての「神」を考えざるをえないじゃないか。あなた方が不思議、不思議と言っていることもみんなちゃんと原因・結果で説明がつくんだから、というので、非常に面白いことですが、自然科学で説明していくのです。

だからザビエルが本国に送った報告書の中に、「自然科学や技術に詳しい宣教師を送れ、文学的な人よりも」、そしてもっと面白いのは、「日本人には占星術なんか教えないで、数学を教えろ」と書いてある。西洋もその頃のことですから、まだ占星術とかオカルト的なものとかいっぱいあるでしょう。そんなのダメ。日本人は非常に合理的だから、ちゃんと数学なんかのできるやつを呼んできて、教えようというんですね。これは非常に面白いことです。だから創造主というものにそこから入っていった人は、なんとすごい宗教だろう、これだけ合理的に物事を説明してわかるのはすごいと思うわけです。

ところが非常に大きな問題は、創造主の「神」という語をどう訳すかということです。「神」というと、日本人は、「ああ、なるほど竈《かまど》の横におるやつだな」とか思うわけです（笑）、多神論ですから。それで「神」というのはやめということになった。「神」というのは日本人にものすごく誤解を与える、だから「神」という言葉を使ってはならないとなって、それでヤジロウにどうしたらいいか聞くんです。

ヤジロウは、「それだったら、大日《だいにち》がいいだろう」という。なぜかというと、ヤジロウはもともと真言宗だった。真言の中心の仏さんが大日如来《にょらい》です。華厳《けごん》でもそうですね。曼陀羅《まんだら》の中心にあるのが大日なんです。いろんな仏さんがいて、大日を中心にしていますから、中心のいちばんすごいのというわけで、「大日」と訳したのです。

それで、初めは、もちろんザビエルは日本語ができませんから、ヤジロウたちが通訳するんですが、布教するときに、ゴッドというと、「大日」と訳していた。ところが非常に困ったことは、どこの国の言葉でもそういうことがありますが、大日というのは、隠語で女性の性器を意味していて、大日を拝むというような言い方をする。だから、ザビエルが必死になって「大日は……」という話をすると、みんなクスクス笑うんですね。「こんな真面目《まじめ》な話をしているのに、何であんな卑《いや》しい笑い方をするのか」とザビエルが聞くので、「実は申しわけないけれども、こういうわけがありまして……」というと、ザビエルがカンカンになって、「大日はやめろ！」と怒るところがあるんです。

それでどうなったかというと、もう日本語はやめた、大事な言葉は原語でいこう、と決まるんです。このへん、われわれがユングの心理学でアーキタイプという言葉を日本語に訳す苦労などとよく似ていますが、結局のところは、こういう文書を書くときに、大事な中心的概念は原語を使って、横に棒を引っ張ろうということになった。だから皆さん、「でうす」というところの横に棒が引っ張ってあるでしょう。これはみんなそうなんです。それで原語をそのまま使うことに決めました。こういうところはすごく苦労したのがよくわかります。そしてまた日本人にとって〝唯一《ゆいいつ》の神・デウス〟というのを理解することがどれだけ困難だったかということがよくわかるわけです。

ところが、いちばん初めの「そもそもでうすと敬い奉るは、天地の御主、人間万物の御親にてましますなり」というところはいいんですが、すぐその次に「弐百相の御位、四十弐相の御装い」というのは、これは完全に仏教が入ってきているんです。というのは、仏教では、仏さんは、三十二相もっておられる、とよくいうんですね。だからデウスがどんなに偉いかというので、三十二どころじゃない、四十二もあるんやとか、二百相ほど位が高いんだとか、ここで仏教的な表現が入ってくる。

それともうひとつ、「もと御一体の御光を分けさせ給ふところ、即ち日天なり」とあるのは、バイブルに「神、光あれと宣《のたま》えば光ありき」という言葉がありますが、あのへんの感じが日本人には非常にわかりにくい。だから太陽を創造主が全部つくったと思いたくないところがある。それで「もと御一体の御光を分けさせ給ふ」と、分身にして説明しようとしています。唯一の神ということを承認しながら、どこかで唯一の神がすべてをつくったというのはどうもちょっと無理があるので、こういう表現をしているんですね。だからもうすでにこのへんに仏教的な考え方や日本的考え方がすべり込んできているわけです。

それから次の「それより十二天をつくらせ給ふ」になってきたら、これはもう完全に仏教の考え方です。東洋的な天球の考え方が入ってしまっている。名前がベンボウとか……ベンボウというのは、リンボウというのがありますが、そのリンボウが訛《なま》ってベンボウになっています。それから「このところ地獄なり。まんぼう、おりべてん、しだい、ごだい、ぱっぱ、おろは、こんすたんち、ほら、ころてる、十まんのぱらいそ」……パライソというのは天国ですね。それから他の名前は勝手に付けて、いろいろ考えてつくっているんですが、興味のある人は日本思想大系の『天地始之事』の注を読んで下さい。非常に面白いです。

それから次に「日月星を御つくり」といって、ここに太陽がまた入ってくる。だから、いちばん初めの「光あれと宣えば光ありき」という、光に相当する太陽のところでは、「御一体の御光を分けさせ給ふ」という言い方をして、ここではまた「日月星を御つくり」という言い方をしています。

それから「数万のあんじょ」……アンジョというのはエンジェル、天使です。その次に「七人のあんじょ頭、じゅすへる」というのは、これがサタンです。このジュスヘルはなかなか位が高くて、百相の位、三十二相の形をしています。それからデウスは漢字でときどき「天帝」と書かれています。そういうふうにして唯一の神というのを紹介していくわけです。

『天地始之事』は十五章に分かれています。各章の標題は初めの言葉をそのまま書いてあるので、あまり内容と釣り合わないんですが、一章が「天地始まりのこと」、二章が「まさんの悪の実《み》、中天にやること」、これは例の禁断の木の実の話ですね。そういうふうに、三、四、五、六と分かれています。

第六番目に「朝五ケ条の御らつ所のこと」というのがありますね。御らつ所（オラッショ）とはオラシオで、祈りなんです。そこに「異教徒の折伏《しゃくぶく》と十二教徒」というところがあります。ここにもキリスト教の創造主というときに、自然科学をもって非常に論理的・合理的に説明しようとしているところがあります。

どんな話があるかというと、ここには聖書に全然載ってない話が入っているんです。それは、キリストが十二歳のときに学問をするためにお寺にいくことになった。お寺へいきますと、そこにがくじうらんという坊さんがいまして、キリストに対して「南《な》無《む》阿《あ》弥《み》陀《だ》仏《ぶつ》の六字の妙号ととなゆれば極楽に成仏《じょうぶつ》せんこと疑いなし」と教える。そうすると、十二歳のキリストが、「その妙号を唱えて死んで行く先はどんなところか」と聞くんです。そうすると、がくじうらんは「悪い人は地獄に堕《お》ち、善人は極楽に行く」と。「極楽はどこにあるか」と問うと、「弘誓《ぐぜい》の船に乗るがいなや極楽世界に行くこと疑いなし」と答える。そうすると、キリストがどう言ったかというと、「疑いなしとばかり言っていてはわからん。天地日月、人間万物は如何《いかが》して出け候《そうろう》や聞かまおしや」と言う。つまり、キリストは天地万物人間がどうしてできたか、それを教えてくれ、というんです。

それでがくじうらんが「若者の身分で舌長きことを申す」と。つまり、「偉そうに言うな、それをおまえは知っているのか」と言うと、キリストは「ずいぶん語り聞かせん」とか言って、それから天地創造について語るんです。そうすると、がくじうらんはものすごくびっくりする、というところがあります。

こういう話をわざわざここに入れているのは仏教批判なんです。つまり、仏教の坊さんは「南無阿弥陀仏」と言ったら極楽に行けるのは疑いないとか言っているけれども、疑いなしだけではわからんじゃないか、もっと始めからちゃんと説明せよと。それでキリストがそれを訊《たず》ねたら坊さんがびっくりしたけれども、われわれは天地の始まりからちゃんとこういうふうに説明をしているのだ、と言っているわけです。こういうことが、バイブルにはないのに、わざわざ挿入されてきます。ここが『天地始之事』の非常に面白いところです。日本人が、こういう元を訪ねていって始めから解き起こすとか、そこに唯一の神を想定するという考え方にいかに心ひかれたかということがよくわかると思います。

原罪

次に原罪について述べます。キリスト教では旧約聖書をみますと、原罪ということが非常に大事ですね。つまり、人間というのはそもそもアダムとイヴが原罪を犯して、楽園を追放されて、それでこの世に汗して生きているのだ。だからそれをどうしてもあがなう必要がある。そのためにキリストがこの世に降りてきて、そして十字架にかかって、人間全体の罪を背負ってあがなわれた、というふうに話が展開するんですね。ところが日本人にとっては、この原罪ということがすごくわかりにくい。だから、実をいいますと、『天地始之事』の中では原罪がなくなってしまうんです。

どんなふうになるかをお話しますと、一章の終わりのところ「天帝より自分の息を御入ありて、どめいごすのあだんと名付け、三十三の相《すがた》なり。よってまわりの七日目は第一の祝い日なり」。そしてまた「女一人御つくり、どめいごすのゑわと名付け、夫婦となし、ころてるといふ界を得て、ちころう、たんほうとて、男子女子弐人《ふたり》出生し、それよりゑわ、あだん、でうすを礼拝致さんため日々ばらいそにおもむきける」とあります。

これはどういうことかというと、デウスがアダム——ここでは「あだん」という名前になっています——をつくり、それからイヴ——「ゑわ」と書いてあります——をつくった。そしてすぐにその二人のあいだに「ちころう」と「たんほう」という二人の子ができます。こういう名前がどこから出てきたかは研究してもなかなかわからないみたいです。

ここで面白いのは、アダムの骨からイヴが出てきたという話が消えている。これは非常に注目すべきことだと思うんです。なぜかというと、他の国の神話をみても、女性が男性からつくられたという神話はわりと多いんです。

日本はどうなっていますか。日本はイザナギ、イザナミという神様がいまして、イザナミというグレート・マザーが日本の国から何から全部生んでしまう。イザナミというグレート・マザーがものすごく大事かと思っていると、それだけではなくて、イザナミが死んで、イザナギが地下の世界へ訪ねて行って、見てはいけないというのにイザナミの姿を見て、そして怖くなって逃げて帰ってきますね。その後に、イザナギからアマテラスが生まれるんです。アマテラスという非常に大事な女性は父親から生まれているわけです。だから日本の神話をみますと、〝女性が全部生んだんだぞ〟という話と、〝いや、いちばん大事なものは男が生んだんだぞ〟というのと二つ入っているんです。

ところがバイブルでは、まず男がつくられて、男から女がつくられた、といいますね。他の世界の神話をみましても、案外男から女ができているんです。

神話における男性と女性

これはどうしてかなと考えてみました。これからお話するのは私流の解釈ですが、こんなふうに考えています。男と女という区別はすごく大事なことです。よほどのことがない限り、男は女になることがないし、女は男になるということはありません。これははっきり分かれているわけです。そうすると、世の中のことを分類して考えるときに、男的なる存在と女的なる存在というふうに分けることは一応便利な方法なんですね。だから、皆さんご存じのように、西洋の言葉では男性名詞と女性名詞があります。

男に何ができるかとか、女に何ができるかとか、男はどういう存在か、女はどういう存在かということと関わって、男なるもの、女なるものというのはものすごく分類しやすいわけです。そうすると、人間にとって非常にはっきりわかることは、すべて人間はお母さんから生まれている、だから何といったって女性が根本だということです。

これは私の類推ですが、宗教では、母なる宗教というのがものすごく強かったのじゃないか。あるいは宗教なんていえないぐらいの時代でも、ともかく生み出すものがなかったら死に絶えるということは誰でも知っていたと思うんです。ところがずうっと人間の文化が続いてくると、母性的なものがすごく強いところへ男なるもの、男性的なものと思われているようなものがだんだん強くなってくる。どのあたりからひっくり返ったかわかりませんが、今度は男のほうが権力を持ちだす。おそらく最初は女性が権力を持っていたのじゃないかと僕は思うんですが。そういうものが強くなってきたときに、母親はそもそも男から出てきたんだぞと、そう言いたくなったのじゃないか。そういう話、つまり実は男のほうが先なんだという話をつくって、男性原理の優位性を強調するような時代があって、そのためにこういう神話が生まれてきたのではないかという気がするんです。

もともと人間は言葉を持っていなかった。人間が言葉を持ちだしたということは、大革命だと思うんです。いま動物のなかで言葉を持っているのは人間だけですね。サルたちもいろんな信号を持っていて、だいぶコミュニケートできるということがわかってきているんですが、人間と同じように言葉で物事を伝えるということはできない。

言葉が人間の生活のなかでものすごく重要な地位を示しだしたときに、男性優位が始まりだしたんじゃないかと思うんです。

というのは、これも私の勝手なファンタジーですが、言葉というのは口から生み出しますね。子供を生むというのは下から生み出すわけです。だから人間が肉体から生み出すものには、子供として下に生み出していくものと、言葉として上から生み出していくものがある。そのことを考えると、言葉というものはものすごい魔力を持っているし、すごい力を持っている。というようなことを意識しだした頃に神話ができてきて、男性優位の物語ができたのではないかなあという気がするんです。

そういう点からすると、日本の神話がすごく面白いのは、初めにはイザナミが全部生み出して、母性原理でやってきて、途中でイザナギが生み出したアマテラスが大事になる。だから男性、女性がすごく入り混じるんですね。ところが旧約聖書の場合は男性原理がすごく優位に出てきます。「天なる父」という言い方があるぐらいな世界ですから、アダムからイヴが生まれたということはキリスト教にとってすごく大事な話だと思うんです。

ところが日本人というのは、やはりまだまだ欧米に比べれば、女性原理をすごく大切にして生きている国ですから、どうもイヴがアダムから生まれたというのは承認し難かったんじゃないかと思うんです。だからアダムは先に生まれているんですけれども、イヴはあとで独立に生まれていまして、別にアダムから生まれたと書いてない。こういうところが私はすごく面白いと思います。

そしてすぐに子供ができて、そしてデウスを礼拝していましたら、さっきのジュスヘルが「いや、自分はデウスと同じぐらい偉いんだから、自分を敬いなさい」というんですね。それでエンジェルのなかには騙《だま》されて、ジュスヘルを拝んだのがいるんですが、アダムとイヴはそれにはつられなかった。ところがとうとうジュスヘルに誘惑されて「まさんの木の実」――「まさん」というのはポルトガル語でリンゴという意味らしいです。ポルトガル語がこんなところに入ってきている。そして面白いことに、聖書には別にリンゴと書いてないのです――をアダムとイヴが食べるんです。

日本人に受けいれ難いこと

この禁断の木の実を食べたために、旧約聖書では「原罪」ということが生じます。そして原罪のために人間は天国を追われることになります。人間存在がそもそもこのような原罪を背負っているという考えは、キリスト教の人たちにとって実に重要なことです。原罪によって人間が苦しんでいるので、キリストの十字架による贖罪《しょくざい》が大きい意味をもってきます。ところが、隠れキリシタンの人々は、このような原罪の考えを消してしまうのです。このことは、日本人にとって原罪ということがいかに受けいれ難いものであるかを示しているものと思います。

『天地始之事』によると、アダムとイヴが木の実を食べたときに、デウスが現れて、それは「悪の実」だと言う。そのときに二人はデウスに何とかもう一度「ぱらいそ」の快楽を受けさせて欲しいと願う。すると、「天帝きこしめされ、さもあらば、四百余年の後悔すべし。其節《その》はらいそに、めしくわゆるなり」となって、罪は——長年かかるにしても——許されることになります。これが隠れキリシタンの特徴だと言っていいでしょう。

このとき、イヴは「中天の犬となれと、蹴《け》さげられ、行衛《ゆくゑ》もしれず」になります。そして、ジュスヘルは「雷《いかづち》の神」になり、十相の位を得て、中天に住むことになり、ジュスヘルを拝んだ天使たちは、天狗《てんぐ》になって中天へ下ります。ここでも、ジュスヘルが徹底的な「悪」になってしまわないことにも注目すべきだと思います。百相の位から十相まで下げられますが、「雷の神」となって中天に留まっているところが、旧約の考えと異なるところです。やはり、絶対的な「原罪」や「悪」というのは考えにくかったのだと思います。

このように罪が許されるということは、隠れキリシタンの人々はどうしても絵踏みという罪を犯さざるを得ず、そのような罪も許されるのだという考えに立たないと生きてゆくことができませんので、原罪という考えはあまりにも荷が重く、そのために、ここのところで話が許される方向に変化したのだという人もあります。確かにそのとおりと思えますが、私はそれ以上に「原罪」がなくなったことは、日本人の心性の非常に深いところと結びついているように思うのです。

隠れキリシタンの生活をみますと、暦がものすごく大事になっています。この日はどうしなくちゃならないとか、この日は悪い日だからこれをしてはいけないとか、詳しく決められています。一年の暦があるということは、絵踏みによって犯した罪を一年間かけて一生懸命になってつぐなおうということです。つまり暦を大事にするというのは、春夏秋冬のつぐないの果てに絵踏みがくる。そしてまたこうして新たな一年がくる。グルグル回っていきながらだんだん変わっていくといいますか、そういうパターンがどうしても大切になる。

人間には輪廻《りんね》的な、円環的な人生観というものと、直線的に変化していくという人生観との両方があって、日本人の場合はどうしても円く回る円環的なほうのパターンが強い。どんなことをやっても、なんとかやっていたらまた元へ帰ってくる。しかもこの人たちには絵踏みということがあったから、許されるということがなかったら生きていけなかったと思うんです。

そして、もっと極端にいうと、この宗教は罪を犯したということを絵を踏んでみんなはっきり意識するわけですから、原罪なんていうことをいわれたってなかなか考えられないけれども、はっきり自分が一年に一ぺん更改の人生をやって、また罪を犯してというふうに暦に忠実に生活を送るわけです。

ということは、いま言いましたように、何か罪を犯すことによって、あるいは罪を意識することによって、そのあとの一年を敬虔《けいけん》に生きるという、こういう生き方が隠れキリシタンの人には非常に大事になったのではないかという気がするのです。

だから私は、極端にいいますと、絵踏みということがなくなったので、隠れキリシタンたちはだんだん宗教性を失っていくのじゃないかなと思っています。要するに、弾圧がなくなると何のためにやっているのかわからなくなるのじゃないかなと、これはちょっと大胆すぎるかもしれませんが。

聖書にはない話がつくられた

そしてその次ですが、先ほどちょっと言いましたが、聖書にはない話が完全に日本でつくられて、平気で入ってくるわけです。これは神話の非常に面白いところで、これは私の好きな言葉なんですが、神話学者のケレーニが「神話は物事を説明するためにあるのではない。物事を基礎づけるためにあるのだ」という言い方をしています。

普通考えると、神話によって、いろんな現象を説明したと思われるのですが、そうじゃなくて、基礎づけるのだ。どういうことかというと、「私という存在がここにいる」「どうしているんですか」というと、「いや、きょうは講演ですからここにいます」(笑)というのは説明ですね。そんなのじゃなくて、私がここにいるということが絶対的な重みを持って自分自身に、「うん、私はここにいるんだ」と腹の底まで思えるというのが神話だというんです。

だから、人間がいまこの世に生きていて、そして太陽があり月がある。それは神様がつくり給《たも》うたのだということで、はっきりと「うん、そうだ」と思える。そういう場合はそれは神話として機能しているわけですね。われわれがそれを信じられなくなったらもう全く意味を持たないんですが、逆にいいますと、人間がいろいろやっていることを神話の中に位置づけると、「うん、そうだったのか」ということになるわけです。だから日本で『天地始之事』をつくると、天地の始まりからずっと書いてくるわけですから、隠れキリシタンの人たちがやっている生活も、実際にそうなんだという基礎づけが要る。そういうことを言うためには神話の中にその人たちの生活を基礎づける話が入ってないといけないわけです。だから旧約聖書に全然載ってない話が出てくる。

さっきもちょっと言いましたが、たとえばキリストが仏教のお寺へ行って、坊さんと言い合いをするところなんかを——もちろんバイブルにあるはずがありませんけれども——挿入する。キリスト教はそういうふうにちゃんと根源的に考えているんだ、仏教とは違うんだ、ああ、なるほどそうだ、ということを考えさせるためにそういう話が出てくる。それから面白いことに、カインとアベルの話はありません。つまり、カインとアベルの話は、西洋の場合でしたら農耕の民と遊牧の民とのあいだの非常に大事な話ですが、日本の場合は問題にならない。だから彼らもおそらくカインとアベルの話を聞いたかもわかりませんが、そんなのは落とされてしまいます。

バイブルで非常に大事な話だけれども、『天地始之事』では大事でなくて放ってしまわれた話と、バイブルに全然ないのにこっちに出てくる話がある。その典型のひとつは、ちょっと話が飛びますが、こういうのがあります。

それは、「まさんの悪の実、中天にやること」という章ですが、人間は禁断の木の実を食べたので、アダムとイヴと二人の子供はこの地界へ降りてくる。降りてきたときにこういう話があるんです。イヴの子供が二人、チコロウとタンホウというのがいましたが、この二人が地面に降りてきたときに、天から抜身の刀が落ちてきます。この抜身の刀が降りてきたので、これはどうもデウスからの不思議な知らせだと二人はびっくりして、女は思わず、持っていた針を投げかけて胸に打ち込んで血を流した。男は櫛《くし》を投げかけて、そして「互いに他人となり」という表現があります。そのことによって互いが他人となって、それから「二人は夫婦の契《ちぎ》りをした」とあります。そしてその夫婦の契りをするときに、恋教えの鳥――鳥の雌と雄とが性的に結ばれる――を見て、二人はどうしたらいいかわかって、それから「あまたの子供をもふけたり」という話が書いてある。こんなのはバイブルに全然ありません。

アダムとイヴの子供は、これきょうだいでしょう。きょうだいが夫婦にならなくちゃならない。きょうだいがそのまま夫婦になってはいけないので、わざわざ抜身の刀が降りてきたり、櫛を投げたり、針を投げたりする儀式によって他人になって、はじめて結婚できたという話なのです。これも私の勝手な解釈ですが、隠れキリシタンたちは、ひとに知らさずに非常に小さいグループで生きていますね。だからきょうだいは結婚してはならないということが非常に大事な掟《おきて》だったんじゃないかと思うんです。それできょうだいの結婚は避けねばならないという話がわざわざ入ったのではないかと思うんです。

また恋教えの鳥を見て夫婦の契りをしたという話は、これは実は『日本書紀』にあります。イザナギ、イザナミが結婚するときに、どうしていいかわからないと困っていたら、鳥が二羽、雄と雌とが結合するのを見て、知ったという話があるんですね。それがこんなところにポコッと入ってきている。これはどうして入ったかちょっとわかりません。

そして次にこんな話があります。これは聖書の話でいうと、「ノアの方舟《はこぶね》」です。「ノアの方舟」の話と同じテーマがこんなふうに変わってきます。

さっき兄と妹が他人になって結婚して、子供を増やすという話をしました。そしてだんだん子供が増えたときに、「食物を与えて下さい」とデウスに願いますと、籾種《もみだね》をデウスが与えてくれて、「其《その》たね、雪の中につくる。明六月よく実り、八株に八石、そのうら九石ぞ実りたり。八穂で八石の田歌の始これ也《なり》。其のち野山にひろまりて、兵糧《ひょうろう》はたくさん也」と書いてあります。米ができる話なんてバイブルにありませんから、わざわざここで米はデウスからもらったというのと、それから「八穂で八石の田歌」をみんな歌っているわけですから、そんなこともここから始まったのだというふうに言っているわけです。

足の弱い子――神話とは何か

そして、だんだん人間が悪くなったので、これはなんとかしなくちゃならないというので、デウスが、洪水じゃなくて、津波を起こすのです。そのときに「ぱっぱ丸じ」という王様がいる。このパッパマルジというのは、法王さまをパパといいますが、そのパパと、マルジというのは、殉教者のことをマルチルといいますから、それと組み合わせて、パッパマルジという名前をつくったらしいんですね。そのパッパマルジにお告げがありまして、そこの寺の狛犬《こまいぬ》、獅子《しし》の目が赤くなったときには津波がきて世は滅亡するということをデウスが告げるわけです。これは「ノアの方舟」と似たような話ですが、ちょっと変わっていますね。

それでパッパマルジはびっくりして、狛犬の目が赤くなってないか、毎日毎日お寺へ見に行く。そうすると、それを手習いの子供が見て、馬鹿《ばか》なことをやっている、ひとついたずらをしてやれというので、いたずらで目を赤く塗るんです。そうしたら、ほんとうに津波がくる。しかしパッパマルジはいたずらとは知りませんでしたから、目の赤くなっているのを見て、六人の子供を乗せて刳舟《くりふね》で逃げるんですが、ここに「兄壱人《ひとり》は足よわくゆへ、残念ながらのこしをく」というところがある。これがすごく面白いんです。足の弱い子を一人残して、あと六人とパッパマルジとが舟で逃げたところへ大津波がきて、全部死ぬはずでしたが、先ほどの狛犬が生きて、そして乗り遅れた一人の足の弱い兄を乗せて連れてきます。他の人間は全部地獄に堕《お》ちてしまいます。

そしてそのときにこういう話があるんです。「刳船に乗り、命をつぎし七人のものどもは、其島を住所《すみしょ》と定むといへども、夫婦の極《きはめ》なくゆへ、女は眉《まゆ》をおろし、歯に鉄漿《か》《ね》付る事、このときよりはじめ也」と書いてある。ここでお歯黒のことが入ってくるんですね。さっき言いましたように、みんなお歯黒をしているけれども、ここが始まりなんだぞ、ここからだ、というふうに語るのです。人間というのは自分たちがやっていることを神話の中で言ってもらわないと心が落ち着かないというところがあるんですね。

実は、私はいまいろいろ昔話の研究会をしているのですが、あるとき天理大学におられる武井秀夫《たけいひでお》先生という方がアマゾンの話をして下さったのです。まだ私がこの隠れキリシタンのことを知らない頃です。アマゾンでは神話とか昔話とか歴史とか、そのへんの区別は曖昧《あいまい》になっているんですね。ともかく「話」がものすごく大事なんです。その話を聞いていたら、この世の前にはひとつの世界があって、そこからだんだん人間なんかが生まれてきたという神話があるんです。その神話の中に一人、ものすごく変わったやつが出てきて、それだけ顔が白くて、ソンブレロをかぶったやつがおるんです。考えてみたら、これは白人ですね。だからアマゾンの原住民の人たちがどこかで神話のなかに白人を取り入れているんです。そしてその話の中で、ソンブレロをかぶって、白い顔をしたやつは、こうこうこういうことがあるので、あれは相当勝手なことをしてもいいことになっているんだ、と語られるんですね。それはいまの世の中で、原住民の人たちと違って、白人はすごく勝手なことをしているでしょう。あれはなぜかというと、生まれてくるときが違うのだという話になっているわけですね。

この事実から考えると、その神話は白人と接触してからつくり変えられているということなんです。つまり、神話と昔話と歴史と伝説、とかいって分けているのは近代人であって、ほんとうに生きている人に大事なのは、「話」なのです。そしてその話はいつも、こうなんだぞと言って、それを聞いてみんながなるほどと思うわけですね。

そういうふうに考えると、神話というものは完全に固定したもの、絶対に変わらないものじゃなくて、みんなの生きているあいだに変わっていくものなのです。今の話をみたら完全にそうですね。お歯黒の話がこの神話の中に入ってくるわけですから、やっぱり自分が生きていることの証《あかし》みたいなものとしてこういうところに入れたのだな、と非常によくわかりました。

実はこういう日本的な話は他にも入ってくるのですけれども、きょうは省略しておきます。

そして、いま言いました「足の弱い子」というのが私にはすごく面白かった。なぜこの足の弱い子にこだわるかというと、私はヒルコのことを考えるからです。私は日本の神話をいろいろ研究しているのですが、そういう話をいままでもよくしましたし、そのことを覚えておられる人も多いと思うので、もうこれ以上詳しく言いませんが、私は日本の神話の「中空構造」ということを言ってきました。

真ん中にアメノミナカヌシという、名前はあるけれども何もしない神様がいて、そしてあたりに他の神様がいる。あるいはさっきからアマテラスの話をしていますが、たとえばアマテラスとスサノオというのが大事だとすると、あいだにツクヨミノミコトがいるんですが、ツクヨミノミコトというのは何もしない。だから日本の神話というのは、中空状態で神様がいっぱいあちこちにいて、バランスをとっている。こういう構造は、キリスト教の場合に唯一《ゆいいつ》の神、大文字のゴッドがいて、その神がすべてをつくり給うたと考える、旧約にあるような神話とはものすごい対照をなしている。なぜかというと、日本は真ん中が空いているわけですから。だから何が正しいとか、何をすべきであるとか、何がどうだという原理があるのではなくて、全体のバランスがよかったらよろしいというふうになっているわけです。

ところが、そのように考えた場合に面白いのは、ヒルコは日本の神話の中に入れてもらえなくて、流されてしまっているわけです。足が立たないので……ほんとに足が弱いんですね。そして流されているヒルコというのをよく考えますと、アマテラスというのはやっぱり大事な神ですが、アマテラスはオオヒルメともいわれる。ヒルというのは昼のヒルで、太陽です。メというのは女ですね。コは男です。そういうふうに考えると、日本は太陽を女性で表わすような神話をもっていますが、西洋の場合は太陽は男性になって、非常に明確な意識というものが大事になるわけです。そういう神話の構造と比べると、ひょっとしたら、ヒルコというのは太陽の男性神として日本の神話の中で、いわば西洋的な意識といいますか、そういうものに通ずるものではないかと私は思うのです。だから、日本人の場合は、流されてしまったヒルコというものを日本の国へどうしてかえらせるかということが非常に大きな課題になっているのではないか、とよく言っていたのです。

そうすると、ここに、足の弱い子は捨てておけということがあって、しかもそれが助かって、みんなの中に入り込んでしまったなんて話は、いかにもキリスト教が入ってきたお蔭《かげ》で、とうとうヒルコも助けてもらったというような感じがしまして、これは非常に面白いなあと思いました。

この『天地始之事』がある、隠れキリシタンの人たちがおるところから少し離れた九州の島に、エビスを祀《まつ》った神社があります。ヒルコというのは、エビスさんになって帰ってきたといわれていまして、日本国中あちこちにあると思いますが、蛭子町と書いてエビス町と読むところが非常に多いですね。そこの言い伝えでは、エビスさんだったか、狛犬だったか、その目が赤くなったら津波がくるという話がありまして、それを聞いた悪戯《いたずら》者が目を赤く塗ったらほんとに津波がきたという伝説が残っているんです。だからなんかやっぱりここの足の悪い子の話とエビスとかヒルコはどこかでつながっているのじゃないかなという気がしまして、非常に興味深く思いました。

マリアのイメージ

次にマリアさんのことになりますが、先ほどからも言ってますように、隠れキリシタンではどうしても慈悲深い、救うという意味が強くなりますので、キリストよりもマリア様のほうが大切になる。あるいは父性の原理に対して母性の原理、つまりマリアさんのイメージが強くなります。

それで話の中では、バイブルにないようなマリアさんの話がたくさん語られるわけです。それはどんな話になるかといいますと、先ほど言いましたように、パッパマルジは子供たちと一緒に助かりますけれども、他は全部地獄に堕ちますから、どうも気の毒だから、デウスはこれをなんとかして助けたいと思う。それでエンジェルと相談しますと、エンジェルは「天帝御身を分けさせ給《たま》わずば、たすけべき道も有べし」と言うので、デウスは自分の身を分けまして自分の子供、ひいりょ様――ヒイリヨというのは息子という意味です――を人間界に降ろそうということになります。

そのころ、「ろそん」の国――ルソンのことですね――にサンゼン‐ゼジユスという王様がいます。この王様の国に「丸や」という女性がいます。マリアのことですね。非常に素晴らしい人で、後の世で助かるためにはどうしたらいいだろうかと思い悩んさば、すみやかにたすけゑさせん」。このビルゼンというのはバージンです。つまり、一生乙女であることを守り抜くならば、おまえは後の世で助かるだろう、といいます。それを「びるぜんの行」というふうに言っているんですね。そこでマリアははっと喜んで、「じゃあ、私はそれをしましょう」というふうにいいます。

ここでマリア様が自分の処女性を守り抜いたということがすごく大事なこととして出てくるのは、当時、キリスト教と仏教のあいだですごい論争があったからですね。そのときに、キリスト教の人たちは自然科学を持ち出すのと同時に、もうひとつ仏教の坊さんが戒律を守っていないということをすごく攻撃します。偉そうに言うても、坊さんたちは勝手なことをしているじゃないかと。それに対してキリスト教のほうは、神父さんはほんとに独身を守り抜いているし、シスターもそうだし、完全に自分たちが戒律を守っているということを強調したかったんでしょうね。だからここでもマリア様はビルゼンの行に自分を入れ込む、そういう姿勢をもったということをすごく尊重して書いてあります。

ところがそこへ、「ろそん」の王様のサンゼン‐ゼジユスが結婚の相手を探しているうちに、マリアという素晴らしい人がいるということがわかりましたので、連れ出してなんとかして結婚したいという。そうすると、マリアさんは、「ありがたいことだけれども、私はビルゼンの行という願をかけていますので、身を汚《けが》すことはできません」というんですね。そうすると、王様が「そんなのは捨てておいて、自分の妻になれば何でもできるじゃないか」と、財宝やらをあげるという。マリアさんは答えて、「王は賤《しづ》より位なくして、此世《このよ》ばかれの栄華なり」と。だからそんなこと言っても話にならないという。これも当時のキリシタンの人たちの考え方がよく表わされています。

つまり、身分が高くて王様であり、どんなに財宝をいっぱい持っているとしても、結局位なんて何でもないんだ。自分たちがほんとうに信じることによって来世絶対助かるということ、それがものすごく大事なことだったのですね。だからこの世の位なんて問題ないということをマリアがはっきり言っている。そうすると、王様は、何を言っているかというので、いっぱい財宝を見せるわけです。マリアは「そんなものは問題じゃありません」といって、天に向かって「ただいま不思議を見せしめ給へ」と拝みますと、天から御馳走《ごちそう》がいっぱい降りてきます。それでみんながびっくりするわけです。

そのときにもっと不思議なことに、夏だというのに雪がちらちらと降りまして、間もなく数尺積ります。王様はじめみんなびっくりしていると、マリア様は天から降りてきた花車に乗って、すぐに「びるぜん丸やは御上天ぞなされけり」と天へ昇っていくわけです。雪のイメージを使っているのは、マリアさんの清らかさということを強調したかったのじゃないかと思います。だから雪のマリアというのは長崎の人たちがすごく好きな話です。

実際に雪のサンタマリアという話がローマにあります。それはどんな話かといいますと、ある貴族がマリア様のために聖堂を建てようと思うんですが、どこに建てたらいいかわからない。と、夏であるのに急に雪が降ってきて、雪が積もる、その雪の積もったところに聖堂をつくるんです。だからそれは雪のサンタマリアの聖堂といわれるので、この話はイタリアの人だったらみんな知っているぐらい非常に有名な話です。だからそういう話がうまいこと入ってきて変わったのか、あるいは全く独立につくったか知りませんが、やはり雪の清浄さということを強調したかったんでしょうね。それでここに「雪のサンタマリア」というイメージができます。

マリアさんは天まで上がってデウスに会いまして、デウスは「さてさてよくも来たり、いで位を得させん」というわけで、「雪のさんたー丸や」という名前を付けてもらう。そして下界へ帰ってきます。そうすると、天からの使いがあって、これは受胎告知ではないんですが、「あなたの体を借りてデウスの分身が生まれるから」といいます。

二月中旬になりますと、これも面白いんですが、夕暮に蝶々《ちょうちょ》がやってきまして、マリアの顔にとまる。そしてそのときに口の中に飛び込んで、それで懐妊したということになります。蝶々が魂といいますか、心といいますか、そういうものの象徴として出てくるのは、これも相当世界的な現象です。

これはご存じかもしれませんが、ギリシャ語の「プシケ」には、蝶々という意味と心という両方の意味があります。ギリシャでいう「プシケ」という言葉は、われわれがいまいっている心も魂も含んでいるものですけれども、そういう象徴性が日本語の「蝶」の場合にも昔から込められていました。

そして生まれたキリストは、いちばん初めのほうに言いましたが、坊さんのところへ行って、坊さんをやりこめますね。そうすると、面白いことには、坊さんはものすごく感激して、そのときの十二人の坊さんが弟子になりました。とかいって、十二使徒の話が一つでぱっとすましてあるんです。だからキリストの物語はいっぺんに短くなっていくんです。

キリストの贖罪《しょくざい》

そして次に贖罪の話になります。キリストが十字架にかかる話になります。ところがさっきから言っていますように、十字架にかかる話から、原罪の話がなくなってしまっている。だから原罪がないのにキリストが十字架にかかるということは、これはどうしてだろうかということになりますが、それはちゃんとうまく説明してあります。

それは、キリストが生まれたというので、みんながいろいろやかましく言い出すので、ベレンの国（ベツレヘムが訛《なま》った言葉）の王様が――これはヘロデ王が訛ってヨロウテツという名前になっています。いかにもヤクザの大将みたいな名前ですが――キリストを殺すために子供は全部殺してしまえ、と命令します。そして一歳までの子だけじゃなくて、七つまでの子供を全部殺します。これは日本では子供というのは七歳までと考えられていたんですね。だからそういう観点が入っていると思いますが、七歳までの子供を全部殺してしまう。それを見てデウスがキリストに「おまえのためにこれだけ子供が殺される。これだけ子供が殺されたら、おまえはもう天国へ帰ってこられないかもわからない。だからおまえは十字架について苦しんで死ぬことによって自分の罪を贖《あがな》って天国に帰ってくることになるだろう」と、そういうことから十字架にかかることになります。

だから、キリストが人類全体の原罪を背負って十字架にかかる話でなくしてしまう。それは比重がものすごくマリアさんのほうへいってしまいますからキリストの行為の意味が軽くなることと、それから原罪という考えをなくしてしまいましたから、当然そうなるわけですね。だから一見似ているようであっても、キリスト教の人たちにとってはものすごく大事なことが急激に薄められた話になっていくわけです。

そして十字架にかかります。そのへんも面白い話がありますが、残念ながら時間がないので飛ばして、いちばん最後の「三位《さんみ》一体《いったい》」のところにいきます。

三位一体と四位一体

この「三位一体」の話はどうなっているかというと、『天地始之事』にはこういうことが書いてあります。最後のところで、マリアは昇天するんです。マリアが昇天しまして、デウスが三体に分かれて、「もっとも三体といへども、元御一体にてましまず」というので、三位一体の話になる。その三位一体がデウスと御子キリストとマリアですね。マリアのことについて、「御母はすへるとｰさんとなり」と書いてある。

スヘルトーサントというのは、スピリット・サンクタスで、聖霊のことです。だからこのキリシタンの本では、三位一体がデウスとキリストとマリアになってしまうんです。

これは、キリスト教のことをご存じの人は不思議に思われるでしょう。もともとキリスト教の三位一体は父と子と聖霊ですね。この「三位一体」という言葉はキリスト教の中でものすごく大事な教えになるんですが、このことがなかなかわかりにくい。実をいいますと、ユングが子供の頃に、プロテスタントの牧師だったお父さんが三位一体のことを教えたときに、ユングは「わからない」というんです。そしてユングがお父さんに「それはなぜ三位一体なのか」と聞くと、お父さんは「これはなぜということはないんだ。たいへん大事なことだから信じなさい」という。ユングはものすごく不満に思って、わけもわからないで信じなさいって、そんな馬鹿《ばか》なことがあるかと思うんです。それでその頃から、どうもお父さんというのは大したことないと思い始めるんですね。

ところが隠れキリシタンの場合には、父と子と聖霊ではなくて、父と子とお母さんにしてしまっている。こういうふうに三位一体を変えてきてしまっているんです。

実はいろいろな文書がありまして、『どちりいなーきりしたん』という文書があります。ドチリイナというのは、ドクトリンです。つまり、キリスト教の教義を書いた本がありまして、その『どちりいな-きりしたん』をみますと、三位一体はデウスと御子キリストと聖霊であるとちゃんと書いてある。だから隠れキリシタンでも片方では、三位一体はキリスト教で言っているとおり書いてある本もあるんですね。

ところで『どちりいな-きりしたん』というのは先生と弟子の対話になっているんです。対話の中で先生が「神は三つのペルソナを持っておられて、それは父と子と聖霊だ」というんです。そうすると、弟子が質問しまして、「デウスは三つのペルソナを持っているけれども、それでも一人だなんていうのはどうも理屈がわからない」と聞くんです。そうすると、先生がどう言ったかというと、これはもう極意最上の高い理《ことわり》であるから、デウスは無量広大におわしまして、我等が知恵は僅《わず》かに限りあることなので、分別には及ばない。「たとひ分別に及ばずと云《いふ》とも、でうすにて御座《オハシ》ます御主ぜず-きりしと直に示し玉ふ上は、まことに信じ奉《たてまつ》らずして、叶《かな》はざる儀也《なり》」と答える。要するに「わけはわからんけれども信じよ」とここに書いてあるんです。だから、すごく面白いですね。ユングのお父さんもこれ読んどったんじゃないかと私は思うんだけれども（笑）。

三位一体はどうもなんか変だと思うときに、お父さんとお母さんと子供というのは腑《ふ》におちてくるところがあるんですね。考えたら、三位一体かどうかわかりませんけれどもね。父と子と聖霊という場合は、聖霊に相当男性的イメージがあって、これはやっぱり一体という感じです。ところがまたさっきの父性原理、母性原理という言い方をすると、キリスト教の三位一体には母性原理が入ってない。そのことをユングはものすごく問題にしたわけです。そして非常に単純にいいますと、ユングは西洋人の人たちのたくさんの夢を分析しながら、神は三位一体というよりも、ここに母なるもの、あるいは女性性ということを入れて、そして四位一体で考えるほうが神のイメージに近いのではないかということを強調したわけです。

ところが日本の場合の三つの組はどうなっているかというと祖父がいて、その娘、その娘の息子という、三位一体ではありませんが、三つの組になっていることが多いのです。そういう話が日本の昔話にも物語にもよく出てきますし、現在でもそういうところがあると思いませんか。何か子供が言うときに、お母ちゃんが大事で、お父ちゃんはほとんど忘れられて、ゴミになったりしていますが（笑）、そのときあんまりお父さん的なものがないときには、お母さんのお父さんは尊敬されているとか、そういうふうな格好で、祖父・母・息子――これは血でつながっているんです――の三つの組が日本の物語でも、あるいは中国などをみていてもよく出てくるんです。

そうすると、キリスト教の三位一体の場合には父と子と聖霊だったとしたら、ここへ女性原理が入ってきて、四つになって完成されるということが、ユングのいうように、できますね。しかし、これがもし祖父・母・息子という組合せであったのなら、ここへちょうど父に相当するような男性が、つまり父というよりは、この女性の夫になるような男性が現れ、強力な男性原理を加えてこそ、完全に四つになる。そうすると、ユングのいう四位一体と話が合ってくる、というふうに考えられるわけです。

『天地始之事』の場合には、王様のサンゼン－ゼジウスはマリアにプロポーズして、マリアが拒否します。あのときにマリアが天に昇って、サンゼン－ゼジウスは悲観して死んでしまうということが書いてある。その後、マリアは昇天して、デウスに会ったときに「実は自分にプロポーズして、嘆いて死んだ人がいるので、あれをなんとかしてやってくれ」と頼むと、「デウスは許して、二人を結婚させました」という話が書いてあるんです。

マリアさんはもちろん、もともとのキリスト教では処女性を保持するのですが、ここでは、天へ行ってから、「デウスがサンゼン－ゼジウスと夫婦にいたしました」という話が出てきます。そんなふうに考えると、サンゼン－ゼジウスをいれると、こっちもきれいに四位一体になってきて、案外ユングがいっているような四位一体に近い構造が基本的なところに現れてくるわけです。

だから、非常に単純に言ってしまうと、隠れキリシタンの神話では、もともとのバイブルの話に対して、母性的な側面が相当強調された話になっていきながら、最後のところでそれを補償する男性がちらっと出てきて、全体としてみれば、ユングがいっているような四位一体的な神のイメージに近くなっている。キリスト教のもともとの話は非常に父性原理が強いけれども、カソリックにおいてもマリアの昇天ということがあって、母性原理的なものがあとで引き入れられるということと案外パラレルに考えられるのではないかな、というのが私の結論です。

隠れキリシタンの神のイメージはもともとのに比べると相当変化しているようですが、「全体として」捉《とら》えると、ユングのいう神のイメージとあまり変わりないとも言えます。こんな点を考えると、神話というものが、あるものを「基礎づける」というだけではなく、何か新しい世界へと「ひらけてゆく」機能ももっているように思います。

第二部　『日本霊異記《にほんりょういき》』にみる宗教性

『日本霊異記』のおもしろさ

きょうは『日本霊異記』の話をしたいと思います。『日本霊異記』というのは、正式には長い名前で、『日本国現報善悪霊異記《にほんこくげんぽうぜんなくりょういき》』というのですが、略して『日本霊異記』とか『霊異記』といわれています。

この本の特徴は、中世の説話集である『今昔《こんじゃく》物語集』、『古本説話集』、『宇治拾遺物語』などの一時代前に書かれたものであることです。『風土記《ふどき》』があって『日本霊異記』があって中世の説話集がある。つまり『霊異記』はちょうど『風土記』と中世説話のあいだに入っています。

中世の説話ははっきりと仏教の考え方によっており、因果応報の考え方が前面に出てきます。話が語られて、このようによい人は報われるし、悪い人は罰を受ける、だから善行を行いなさいという話になっていく。『風土記』のほうは、まったく勧善懲悪というのが出てきません。見事です。そういう教訓は出てこない。『風土記』のほうは、名前からして風土記ですが、それぞれの土地の伝説、産物、名前などを記録したものです。最近、国際日本文化研究センターの『日本研究』に「『風土記』と昔話」という論文を書きました。『風土記』を丹念に読んで、昔話と同じようなモチーフをもつものを調べたりしましたが、おもしろいのは、『風土記』には昔話のような話もいろいろ出てくるのですが、全然教訓的なところがない。ところが、中世説話になると明白に仏教的色彩が出てきます。

きょう取り上げる『日本霊異記』はどうなるでしょうか。『日本霊異記』のもう一つの特徴は、著者がわかっているということです。すごいことです。『今昔物語集』の著者とか『宇治拾遺物語』の著者は、いろいろ言われていますが、明確にはわかりません。ところが、『日本霊異記』は、景戒《きょうかい》という坊さんが書いたことは明白で、彼は自分自身のことも書いています。

景戒は序文の中でこういうことを書いています。中国から仏教が日本へ入ってきた。仏教は大事なものであって、仏教を信じれば助かる。けれども、そういうことをわかっていない人が多い。だから自分はここに、仏教によって善行を行った人は報いられ、悪いことをしたものは、その悪行に対して罰があるという話を書き記す、というわけです。そういう話は中国にもインドにもたくさんある。けれども、日本にもすばらしい話がたくさんある、だからそれらの話を記録するのだ、という序文を書いている。ところがおもしろいことに、読んでみると勧善懲悪でない話が載っている。教訓がないのもある。中世の説話はみんな教訓じみていますが、『日本霊異記』は、教訓がなく、仏教的な臭《にお》いが全然しない、日本の昔の考え方が出ている。なぜかというと、『日本霊異記』は、年代順に入っているのですが、いちばん古いのは、雄略天皇のころです。私がここにもってきているのは――『日本霊異記』のテキストはたくさんありますが――講談社学術文庫です。現代語訳がついているので、われわれ素人《しろうと》が読むのに便利です。これには『日本霊異記』の説話の年表が載っていて、いちばんはじめの話が雄略天皇のころと書いてあります。雄略天皇のころは、西暦で言うと五世紀の半ばです。もちろん仏教は入っていない。この後で入ってくる。雄略天皇のころの話は少しだけで、あとは仏教的な話がずっとある。いちばん多いのは聖武《しょうむ》天皇のころの話です。最後は嵯峨《さが》天皇のところまでです。いちばん最後が八二〇年代。ですから三百年間ぐらいのあいだの話が載っている。

『日本霊異記』のおもしろいところは、仏教が入るまでの日本人の宗教に対する考え方、感じ方が入っている。後で言いますが、仏教の話が出てくるのですが、あまり仏教的でない。日本古来の宗教的な考え方が入っている。そういう点がおもしろいのです。勧善懲悪が出ていない話と仏教的なものとの両方が入っている。そのうちに「日本霊異記と昔話」という論文を書こうかなと思っているんです。読んでいるうちにおもしろいことを発見しているので、そう思っています。

冥界《めいかい》往還と夢

話がたくさんあって、すごくおもしろいんですが、どんなふうに取り上げていいかがいちばん問題で、いろいろ考えたすえに「冥界往還」の話に限定することにしました。「冥界往還」というのは、あちらの世界へ行って帰ってきた話です。死んだと思われている人が生き返ってきて、向こうでどんなことがあったか報告するという話です。「冥界往還」を時代順に話をしながら、それに対して考えたことを述べようかと思います。「冥界往還」の話は、中世の説話にもちろんたくさんあります。しかし、『日本霊異記』のほうが古いし、『日本霊異記』に出てくるある種の話はそのままほとんど変わらないで『今昔物語集』に載っています。

「冥界往還」の話をする前に一つだけ言っておきたいのは、著者の景戒が終わりのところで自分の夢について書いています。有名な夢です。どんな夢かというと、自分が死んだ夢です。自分が死んで焼場で焼かれているんですが、あまりうまく焼けない。そうすると自分の魂などというやつが外へ出て、串刺《くし》しにして、こうしたらよう焼けるという。自分の肉をうまく焼いて、それをよその人に教えている。そんな夢を見たと書いています。こういう夢を見る人ですから相当な人です。皆さんの中でそういう夢を見た人は、おそらくないと思います。

大体自分が死ぬ夢はあまり見ないものです。皆さんも体験されるとわかりますが、死ぬ寸前に目が醒《さ》めることが多いです。あるいは夢の中で必死になって、これは夢だから醒めようとか、これはテレビの話にしようとか、必死になって考えている。夢の中でも意識ははたらいているわけですから、自分の死はなかなか承認しがたいことなので、自分の死ぬ夢は、よほどでないと見られません。

私も長いあいだ夢の分析をしていますが、自分が死ぬ直前に目が醒める人はたくさんいますが、自分の死の夢を見た人は少数です。景戒はものすごく珍しいと思います。しかも魂が、自分の肉体を焼くために、肉を串刺しにして、こうしたらよう焼けるというのは、珍しいことです。だいぶこの世の俗世界のことから離れていた、達観したところがある人ではないかと思います。そうでなかったらこんな夢は見ることができない。それほどの人物だろうと思います。だから書いているものも、仏教のことを書いているんですが、なんともいえないユーモアがある。いまの夢でも恐ろしいですが、笑える。そういうふうに自分を客観化してとらえることのできる目をもった人であったのではないかと思います。だからこういう話を記録できたのでしょう。

『日本霊異記』は上、中、下に分かれていますが、上巻にはあの世へ行って帰ってきたという話は、二つしかありません。これはどういうことかというと、まだこのあたりは仏教の影響が少ないから、地獄、極楽へ行ったという話はあまり出てこない。

極楽に行った話

いちばんはじめは、上巻の第五の三の「大部屋栖野古《おおとものやすのこ》、極楽《ごくらく》国に往還す」という話です。日付や場所がちゃんと書いてあるので、まんざらめちゃくちゃに嘘《うそ》を書いたわけじゃないと思います。大部屋栖野古という人が、三十三年乙酉《きのととり》の十二月八日に難波《なにわ》の住処《すみか》で死んだ。死んだとき、よい香りがした。偉大な人が亡《な》くなると死んだときによい香りがするというのは、ちょいちょい記録にあらわれています。僕が知っているものでは、明恵上人《みょうえしょうにん》は、亡くなったときにものすごくよい香りが、相当遠いところまでしたという記録があります。

大部屋栖野古は、死んだけれども、三日で蘇生《そせい》します。死んでから何時間ぐらいたって生き返るかというと、大体三日ぐらいが多い。後でも言いますが、九日というのもあります。いちばん長くて十七日ぐらいだったと思いますが、大体三日ぐらいです。三日で生き返ってきて、妻子に自分の体験を語ります。

どんな体験かというと、五色の雲があって、きれいなところを行きますと、黄金の山の頂きに一人の比丘《びく》がおりまして、そこに聖徳太子《しょうとくたいし》がおられる。後でも言いますが、たくさんの人が向こうの世界へ行って帰ってくるんですが、極楽へ行った話はこれ一つです。後は全部地獄の話です。これは言うなれば最近話題になっている臨死体験の話です。臨死体験の話とだいぶ似たところがある。しかし、現代の臨死体験のほうは気持ちがよかったとか、いい体験を語る人が多いです。ところが逆に、これに載っているのは、極楽が一つで、後は全部地獄です。

太子がおられて話をする。太子は、速やかに家へ帰って仏さまの住むところを掃除しなさいというようなことを言う。それでふと気がつくと生き返っていた。屋栖野古のことを当時の人は、よみがえりの連《むらじ》の公《きみ》と呼んだ。九十余歳でこの世を去る。こういう簡単な話です。一つだけ極楽の話が載っているという点でおもしろい。

ところで私が臨死体験についてどう考えているかについてお話しましょう。死んだと思っていても、医学が発達していますので、蘇生術を施されて息を吹き返す。止まっていた心臓も動き出す。そういう人にどんな体験をしたかと問うと、みんな似たような体験をしている。それがだんだんわかってきました。トンネルのようなところをくぐって違う世界に行く。そのときに共通点が多い。どういう共通点かというと、既に死んだ自分の知っている人が迎えにきている。お母さんが亡くなった人だったらお母さん、友人が亡くなっている場合には友人がくる。

もう一つおもしろいのは、遊体離脱、自分の姿を見ている人が多いことです。死んでいる自分の姿を上から見る。みんなが自分の死体にすがって泣いているところとか、あわてているところを上から見ている。そうすると非常に大きい光のようなものがあって、光に包まれてこの世の一生涯を短いあいだに全部思い出す。そのときは裁かれるという感じよりも、救われる、癒《いや》されるという感じが強いのです。そしてあちらの世界へ行くのに川を渡って向こうへ行くとか、何か区切りがある。そこを渡ったらあちらの世界へ行くというところでこっちへパッと帰ってきている。帰ってくると自分が元の体の中に入っていて、みんなが覗《のぞ》いているのが見えたとか、そういう体験です。これは共通点が多い。立花隆《たかし》さんがそれを熱心に調べています。

そういう臨死体験と『日本霊異記』に載っている話と似たところがある。たいていの人は、地獄へ行って自分の知っている人に会っている。お父さんに会った人とか、いろいろいます。しかし、これらの場合には地獄まで行ってしまってから帰ってきている。臨死体験の場合、相当な時間がたってこっちへ帰ってくるわけですが、帰ってくるあいだの体は、心臓も止まるし、呼吸もしていない。お医者さんから見れば死んだとしか言いようがない。そういう状況にあって帰ってくるという点では、この話と似ている。

臨死体験の意味

もちろん昔のことですから、死んだといっても、どのくらい確かに死んでいたかどうかわかりません。このころの風習にもがり（殯）という風習があった。もがりというのは、死んだ人をそのまま置いておく。それを三日間、九日間、長いものでは二年以上もがりをやっていたという記録があるのですが、もがりをしているあいだに帰ってくる。そういう点でいま言う話と臨死体験とは、どこかで似たところがある。

臨死体験では、地獄のようなものすごい苦しい思いをしたとか、たとえば光に包まれて癒されたというより、光に包まれて焼き殺されそうになったとか、そういえばいままで忘れていたと言っていたけれど、だれに五億円をやったか全部思い出して苦しかったとか、そのときに死にそうになったとか、そういう話をする人がいないのです。なぜそういうことがないのかとよく質問されますが、そういう体験をした人は、忘れるのではないでしょうか。蘇生するときに、おそらくそれがあまりに苦しい体験だから忘れるのじゃないかと私は思っています。昔の人は、地獄の存在を確信していたし、大体はなんらかの理由で許されて帰ってきているので覚えているのではないか。そして、極楽まで行った人は、帰る気がなくなったんじゃないかと思いますね。無理に帰ってこなくてもあっちのほうがいいから。そのように私は考えています。

そうすると地獄、極楽はあると思っているのかときかれますが、その点についてはつぎのように考えられます。われわれの意識というものは人間にとっていちばん大事で、見ていること、聞いていることを自分の記憶と照合して、自分が何をしているか、どういうところに立っているかなどがわかるわけです。ところが、この意識にもレベルがあって、だんだん深くなるというか、たとえば夢を見るとき、われわれの意識はずいぶん変わっている。夢を見ているときは通常の意識とは違う。夢の中では空を飛ぶこともありますし、子供だと思っているのに大人であったり、大人と思うのに子供だったり、お父さんが出てきたと思うと、そのお父さんが友達になったり、いろいろ融合状態が起こる。そのような融合状態が起こらなくて、きちんと分けて考えるのがふつうの意識ですが、レベルが下がってくると融合が起こる。

すごい融合状態が起こる人は、自分が人間以外のものになったりします。皆さんのなかで自分が動物になった夢を見た人はいますか。これは少ないと思います。夢の中で犬や豚になっていたとか、そういう夢をちょいちょい見る人がいます。

たとえばチベットのある種の宗教の訓練の中で、だんだん次元を変えて自分が動物になったりすることをやる。ご存じの中沢新一さんは、実際にチベットで宗教的な修行をしてきた人です。中沢さんに聞いたら、師匠とともに森の中に入って裸になる。師匠が急に狼《おおかみ》のようになる。本当にそうだというんです。そういうのを一緒に体験するのだそうです。蛇になってみたり、いろいろする。

ですから人間の意識というのは、レベルを下げていくと相当なところまでいく。現代人は、表層の意識、あるいは進化した意識といってもいいかもしれませんが、そういうものに固執して、それだけが人生みたいに思っているけれども、本当はどんどん深まる。そのときに深い体験をすることによって宗教的な体験をする。つまり、自分という存在はこの世に一人いるのではない、自分よりもっと偉大な存在がある、あるいは、自分は人間として生きているけれども、動物ともみんな一緒なんだという体験をする。頭でわかるのではなく「体感」としてわかるし、そのときは深い感動を味わうのです。

そういうふうにずっと深くなって、すごく深いところに死というところがあって、人間は死ぬ瞬間ぐらいまで行ったときは、すごく意識の深い体験をするのではないかと思っています。そういうところの体験が臨死体験ではないかと思っています。そういう臨死体験をした人は、死んだらどこへ行くとか、死んだらどうなるかということをイメージでいろいろ見る。お母さんが迎えにきたとか。そういうことが実際に死んだらあるかどうかということではなく、死に近いほどのものすごい意識の深い段階まで降りたときに、そういう体験をする。

もう一つ大事なことは、その体験が非常に生き生きとしていて忘れ難いということです。仏教の修行などをやった人はわかりますが、そこには曖昧《あいまい》さがないんです。ものすごく明確で、ほんとうにあったとしか言いようがない。たとえば私がこの机を見ているように見える。臨死体験をした人がみんな言うのは、「夢ではありません」ということをすごく強調します。夢の中でのように、あったかなかったか、はっきりしないのではなく、だれかに会って話をしたり、何かを食べたりしたのと同じような現実感がある。それはレベルの深さということと同時に、現実感覚みたいなものがある。夢の場合には、レベルは深まるのですが、現実感覚は薄まるのではないか。ただし、夢の中でもときどきものすごい明確な体験をする。そういう夢は忘れることはありません。ものすごくしっかりと覚えています。

現代人より深い意識のレベル

そういう体験をしたのが臨死体験であるとして、それを話しても現代人にはなかなか理解されない。それは、現代人が表層意識にものすごくとらわれているためです。とらわれているというか、そこからあまり離れると現在の世の中で生きていけない。われわれはちゃんと物事を区別してしっかり考えてやっているからこの世に生きているわけです。そこのところに非常にとらえられていますので、なかなか深いレベルに下りていけない。

ところが、『日本霊異記』が書かれたころは、意識のレベルが上がったり下がったりするということに関して、相当自由だったのではないでしょうか。そのころの人は、われわれ現代人に比べるとはるかに深い意識のレベルに割合ふつうに下がっていけたのではないか。そういう話をしても、別にみんなは笑わないわけです。たとえばわれわれだったら、「どうですか、ちょっとあっちへ行ってきましてね」なんて言ったら、この人はおかしいんじゃないかと思う。だからそういうことは言えない。ところがそのころは、あっちへ行って、帰って話をするとみんなが尊敬してくれた。

後で言いますが、後になるほど信用されないというのが出てくる。七〇〇年代になってきたら、死後の世界の話をしても信用してもらえなかったという話もちゃんと書いてある。

私の考えでは、そういう意識のレベルということがあって、深いレベルに下がって体験をすることが、われわれの宗教体験とすごく関係がある。われわれが生きていくうえで大事ではないかと思います。

話が横へ行きますが、もっとレベルが下がったあたりでイメージが出てきますと、前世の体験のイメージがある。これは最近『前世療法』という本も出ています。非常にむずかしい問題があった人に催眠をかけてどんどん意識のレベルを下げてものすごく深くすると自分の前世がわかる。そして納得がいくという話です。別にその人の前世が何であったとか、前世があるとかまでは言わないにしても、レベルが下がっていったところのイメージとしてそういう体験はあるだろうと思いますし、それが深い意味をもつだろうということもわかる気がします。

このあたりのイメージは、深いレベルの意識であって、とくに近代においては、そういうところは話をしないことになった。たとえ体験をしたとしても黙ってしまうか、忘れてしまうかだった。

おもしろいのは、臨死体験ということを言い出すと、そういう経験をした人がわれわれもと出てきた。そういう人たちはなぜ黙っていたかというと、うっかり言うと精神病者扱いされるから黙っていた。ところが、言ってもいいということがわかるとしゃべり出した。いまから四、五十年前でも、そういう体験をしていた人がいたかもしれない。しかし、うっかり言うとだめだというので黙っていたと思うのです。レイモンド・ムーディという人がいますが、ムーディがそういうことを本に書いて以来、そのような体験を語る人が多く出てきました。

また言う人がふえてきますと、やっていないのに話をする人も出てくる（笑）。これはものすごくおもしろいものです。はやると必ずそういう人が出てきます。それを見分けるのはたいへんむずかしい。証拠を見せられないですからね。これが閻魔《えんま》さんの紙きれだなんて言われても（笑）、そんなことは絶対にないわけです。その人が言うことが本当か嘘かをどうして見分けるかはむずかしいですが、ある程度見分ける方法があります。それは一対一で聞くと、本当に体験した人のほうが何か迫力があります。腹にずっしりと応《こた》えるものがあります。つくり話のほうは、そこいらで見てきたようなことを言うので、あまり腹に応えてこない。そういうことが言えるのではないかと思います。そういう偽《にせ》の話がふえることも事実です。

この時代は、「冥界往還《めいかいおうかん》」という話がすごく多かったのではないでしょうか。「冥界往還」が多かった中で、おそらく極楽体験をしたような人は、あっさりとあっちのほうがいいわと思うからこっちへ帰ってこずにそのまま死んでいったのではないか。その中で地獄体験をした人が帰ってくる。『日本霊異記』を見るだけでおもしろいのは、仏教が入ってくる頃にはそんな話はなくて、仏教が盛んになるとバーッと出てきて、最後の二つあたりはそんな話が信じられなかったということになる。時代の変遷《へんせん》をすごくあらわしています。

中世の日本人の罪意識

次に上巻の第三十の一の「膳臣《かしはでのおみ》広国《ひろくに》、黄泉国《よみのくに》に往還す」という話です。この人の名前も住所も全部書いてあります。死んだ年は、慶雲二年の秋、九月十五日に突然この世を去った。死んで三日目の十七日の午後四時ごろに生き返った。これも三日後です。

　生き返ってどんな話をしたかというと、二人の使いがやってきて、一人は大人で、髪は頭の上で束ねていた。いま一人は小さい子であった。その二人に連れられて行きます。大体は使いがきて連れていかれます。鬼みたいなものが出てくるのもあります。これもいろいろです。四、五人でくるのもあるし、二人でくるのもある。来たやつにご馳走《ちそう》を食わせてごまかす話もある。

　どうして連れてこられたのかというと、おまえをここに召したのは、おまえの妻が大王に訴えたからだという。どうしたかというと奥さんはだいぶ前に亡《な》くなっているんです。奥さんは額から釘《くぎ》を打ち込まれて苦しんでいる。これはおまえの妻かとたずねると、はいという。奥さんが、この人は私を家から追い出した、私は悔しいから呼び出してもらったというわけです。ここで閻魔大王が記録を調べますと、奥さんのいうことはうそらしいから家へ帰ってよろしいという。最後がおもしろい。決して黄泉の国のことはしゃべってはならんぞ、お父さんに会いたかったら南の方に行ってみるがよいというわけです。亡くなった親族が出てくるというのは、現在の臨死体験とよく似ています。

ずっと行くとお父さんが地獄の苦しみにあっている。熱い銅の柱を抱かされて苦しんでいる。鉄の釘が三十七本も体にぶち込まれて鉄の鞭《むち》で打たれている。朝三百回、昼三百回、夕三百回、合わせて九百回打たれている。

ここで実におもしろいのは、その当時の人々が何を悪いことだと思っていたか、ということがはっきりわかることです。お父さんはなんでそんなに苦しんでいるのかというと、息子よ、お前は知っていたかどうかわからないけれども、自分は妻子を養うためにあるときは生きものを殺した、あるときは八両の綿を売って十両の値を取った。つまりあこぎな商売をした。これはよく出てくる話ですが、軽い秤《はかり》で稲を貸し、重い秤で取り立てた。ものを貸すときに、軽い分銅を使う。返してもらうときは重いのを使う。五貫のものを貸したとしたら、七貫ぐらいにする。秤をごまかしたという話は、悪の話によく出ています。それがこのころの悪だったのではないか。あるときは、人のものを奪い取った。これは盗みです。それから他人の妻を犯した。父母に孝行を尽くさず、目上のものを尊敬することもしない。それから奴婢《ぬひ》――奴婢というのは本当に奴隷《どれい》かどうかわかりませんが――でもない人を、まるで自分の奴婢でもあるように罵《ののし》ったり、あざけったりした。なかなか細かい描写です。こういうことをやったので地獄で苦しんでいるんだと。

『日本霊異記』と中世の説話を読みますと、罪を犯したからみんな苦しんでいるわけですが、その中で坊さんが戒律を破って女性と関係をもったために苦しんでいるという話はひとつもありません。それはいかに坊さんが女性と関係しなかったかというのではなく、みんな関係はもっているんです。戒は破っているんですが、罪として意識されていなかったことがよくわかります。もちろん破戒無慙《はかいむざん》の僧といってえげつない坊さんが出てくるのですが、それは女性関係だけではなく、いろいろやっている。「破戒無慙の僧があって」という言い方はされていますが、ある僧が女性との関係をもったから罪を被《こうむ》ったと明確に書いてあるのはないのです。日本人というのは、戒律を守るということを、相当はじめから意識していなかったということがわかります。おもしろいことです。

坊さんが魚を食べます。『日本霊異記』にはありませんが、中世の説話を見ますと、坊さんですごく魚の好きな人がいたので、魚をあげたのであの世へ行ったら得をしたという話があるぐらいです。だから魚を食べてもかまわないわけですね。それはともかく、いま言ったようなことが罪として意識されていたことがよくわかります。

次におもしろいのは、こういうことを書いているところです。お父さんは地獄で責め苦にあって困っている。飢えて七月七日に大蛇となって息子の家へ行った。家の中に入ろうとしたとき、おまえは杖《つえ》の先に私を引っかけてポイと捨てた。また五月五日に赤い小犬となっておまえの家へ行ったときは、おまえはほかの犬を呼んでけしかけて追っぱらった。正月の一月一日に猫になっておまえの家に入り込んで、供養《くよう》のために供えてあった肉やご馳走を腹いっぱい食べてきた。それでやっと三年来の空腹をいやすことができた、と言います。こんなのを読むと、ときどき家へやってくる動物には親切にしなくてはいかんなと思って反省します。

とくに、七月七日、五月五日、一月一日は、いわゆる節句です。区切り、区切りが大事で、皆さんも気をつけてください（笑）。そういうふうに自分が困っている。だから家へ帰ったら供養してくれという。広国は、家へ帰ってきて供養をして恩返しをした。そういう話です。

この話は、当時の人が考えていた罪の意識がよくわかるし、それから人間が転生している。お父さんが犬になったり、猫になったりしてときどき訪ねてきている。そういう考えがあったということもわかります。これはたしか明恵上人にもそのような話がある。明恵上人が急いでいたので、犬を跨《また》いだ。後で引き返してきて、ひょっとしてこの犬は自分のお父さんかもしれないと言って回向《えこう》します。当時の人はそういう意識をもっていた。

民俗的伝統の残存

今度は中巻の第七話。原文を見ますと「智者《ちしゃ》の変化《へんげ》の聖人《しゃうにん》を誹《そし》り妬《ねた》みて、現に閻羅《えんら》の闕《みかど》に至り、地獄の苦を受けし縁」というむずかしい題です。どういうことかというと、そのころ行基《ぎょうき》というすばらしい坊さんがいた。行基のことを妬んで悪口を言った智光《ちこう》という坊さんがいます。その智光が地獄へ行く。智光という人は、知恵のある人だったのですが、行基がみんなに尊ばれて大僧正《だいそうじょう》にまでなるので嫉妬《しっと》したのです。自分のほうが知恵がすぐれているのにというふうなことを言う。言っていたら病気になって死ぬ。ときどき、死んでもすぐ体を焼かないようにと遺言して死ぬ人がいます。それは帰ってくる可能性があるからです。智光も、九日間は焼いてはならないと遺言して死にます。実際に九日目に帰ってくる。九日間のあいだは、そのままにしておいて、だれかが訪ねてきたときは、先生はあちこち用事があってお留守中ですと言ってごまかしている。そのとおりに九日目に帰ってくる。

智光は、閻羅大王——閻魔と同じことだと思います——のところへ行くと、これも割とよく出てくる例ですが、西のほうに上等な楼閣が見える。これはだれがお住みになるんですかとたずねると、おまえは知らんのか、行基菩薩《ぼさつ》が亡くなられたら住まわれるところだと言われる。こちらにいるうちにあちらのほうに住居ができているという話は、割と出てきます。

おもしろいことに、ユングが死ぬ何日か前にそういう夢を見ている。ユングはご存じのようにボーリンゲンというところに塔を自分でつくった。それだけではなく、あとは人に頼むんですが、瞑想《めいそう》する塔をつくって、そこへ行ってよく瞑想していた。彼はそのボーリンゲンを非常に大切にしていましたが、夢の中で、あちらにもボーリンゲンが完成したというのを見て、自分もそろそろ死ぬと覚悟するところがあります。こっちでやっているうちにあちらにもできるというのは、おもしろい考えです。

ヒルマンがソウルメーキングということを言っています。自分の魂をつくる。ここで何をつくるかというと、自分で家をつくったとか、家族をつくったとか、いろいろつくりますが、自分がこの世で目に見えるものをつくっているあいだに魂のほうもつくっているわけですが、私が何かすると向こうのほうでもできていると思うとおもしろいですね。こっちでえらいあこぎなことをして儲《もう》けているあいだに、向こうでだんだん家がボロになっていったり、そんなふうにも思います。こちらも大事ですが、あちらの家も大事です。

智光は行基のことを恨んでいたので罰せられて熱い鉄の柱を抱かされます。柱を抱きますと、肉はみんな溶けてただれて、骨だけがつながったまま残ります。三日たつと使いのものが使い古した箒《ほうき》で柱を撫《な》でて、活《い》きよ、活きよというとまた元どおりになる。またいっそう熱い銅の柱を抱けと言われて柱を抱くと、また体がただれて骨だけになる。三日たつとまた息を吹き返す。

二回繰り返して、三回目は、阿鼻《あび》地獄という地獄に行く。そこへ行くと焼かれたりします。おもしろいことですが、この世の供養の鐘の音が地獄に伝わってくるときは、熱気も冷えて苦痛もおさまるそうです。こういうことも割と出てきます。こちらでなんかしていると、それがあちらの人の苦しみを和らげるわけですね。

行基菩薩のことを誹ったのが悪かったので、帰ってちゃんとしなさいと言われる。また、決して冥土のものを食うではないぞと言われます。ご存じだと思いますが、同じような例が、イザナギ、イザナミの話にある。イザナギがイザナミを黄泉の国から連れて帰るとき、イザナミが、自分は黄泉のものを食べてしまったので帰れないと言う。あちらの世界のものを食べたらこっちへ帰れないという話は、日本だけではなく、ギリシャにもあります。私は調べたことはありませんが、文化人類学者に聞くと、そういう考え方はあちこちにあるそうです。仏教の人に聞きますと、仏典にはあまり書かれていないそうです。そうしますと、智光があちらでものを食べたら帰れないぞというのは、仏教の話にもかかわらず、日本的なよもつ竈食《へぐい》の話がまぎれ込んでいるのじゃないか。こういうところが『日本霊異記』の一つの特徴です。智光は帰ってから行基に謝って助かりますが、それは省略します。

次に中巻の第十六番にお布施《ふせ》をしなかったことと放生《ほうじょう》。これはいまでもやっていますが、魚などの生きものを逃がしてやる。放生は功徳《くどく》になるということです。お布施をしなかったことは悪くて、放生をしたことはいい。それで善悪の報いを受けたという話が載っています。

どんな話かというと、綾君《あやのきみ》という裕福な夫婦が住んでいて、隣に貧乏なじいさん、ばあさんがいる。綾君は隣のじいさん、ばあさんと一緒に住み、召使に、このじいさん、ばあさんに食べものを少しずつ分けてやってくれと言う。

みんながそうするのですが、その中に食べものを分けない悪いやつがいます。その人が、海へ釣りに行き、そこである人がカキを十個取っているのを見つけて、それを買って放してやる。ところが、その人がほかの召使たちと一緒に松の木に登っているとき、足を踏み外して死んでしまいます。そこで原文では「卜者《かみなぎ》に託《くる》ひて曰《い》はく」となっていますが、占いをする人に死者の魂が乗りうつったということです。そして

「自分の死体を焼かずに七日間祀《まつ》ってくれ」という。

ここで「くるふ」というのはふつうではない状態になるわけですが、それは現代でいう意味ではなく、「託」という字で表わします。つまり、その人に託して何かが出てくる。託された人はくるったことになるのですが、本人自身はおかしくない。もののけが憑《つ》くのでおかしくなるのです。この「託《くる》ふ」はほかの話にも出てきますが、われわれだったら、ものに憑かれて変なことをやった、キツネが憑いたということですね。つまり、本人そのものが狂ってしまったのではなく、本人に何かが託されているんだという考え方です。

これを今日的な考え方でいうと、その人の無意識内の内容が急に意識の表層に突出してきたものと考えられます。「託」という字をくるうと読ませているのは『日本霊異記』の場合で、中世の説話になるともう出てきません。中世になると、本人自身が狂っているという見方が強くなってくるのです。

話を戻しますと、死んだ人の魂が卜者に乗り移って、私の体を焼いてはいけない、七日のあいだこのままにしておけという。その人は七日たつと生き返ってくる。そして語る。どうなったかというと、仏教修行者五人が私の後ろにいた。ずっと行くと宮殿がある。あれはだれの宮殿ですかときくと、あなたの主人の綾君の宮殿で、じいさん、ばあさんにいつものを施していた。施すたびに宮殿ができあがってくるのだという。これは行基の住む楼閣ができていた、というのと同じ考えです。ところが、本人は、飢えたじいさん、ばあさんに食べものを与えていない罪として、だんだん飢え、渇いてくる。ところが、カキを十個放生したので、この世に帰ってきた。そして助かるという話です。

ついでに言っておきますが、われわれの知っている話では、浦島太郎が亀《かめ》を助けてやって、そのおかげで竜宮城へ行くことになりますが、『風土記《ふどき》』に載っている浦島の話では、亀を助けるところが全然ありません。何か生きものを助けてやると後で功徳があるというのは、仏教伝来以後の話です。もともとの『風土記』では、浦島太郎は五色の亀を釣り上げる。その亀がパッと美女に変わってプロポーズして結婚することになる。「助けた亀に連れられて」というのが出てくるのは、後でこういうカキを救ったとか、また中世の説話になりますと、インドの話が入ってきて、亀を救ってやったために命を助けられた話が出てきますが、そういう様々な話が混合していまの浦島太郎に変わってからのことです。生きものを助けることは大事なことだというテーマが、このあたりから出ているのです。

身体《からだ》と魂

その次の話は中巻の十九話ですが、般若心経《はんにゃしんぎょう》を敬って読んでいた女性が、閻魔大王の王宮に行って不思議な働きをあらわしたという話です。優婆夷《うばい》という仏教修行の女性が大変よい声でお経を唱える。それが評判になって閻魔大王が、いっぺんその声が聞きたいといってその女性を召しよせられる。そこでいっぺんやってくれというので、彼女が般若心経を読みますと、閻魔大王が感激して、もういいから早く帰りなさいという。

帰ろうとしますと、黄色い衣を着た修行者が三人きた。以前、ちょっとお目にかかっただけでしたが、このごろお会いできなくて恋しく思っていましたが、きょう偶然にお会いできてありがたいことです、きょうより三日後に奈良の東の市で必ずお会いしますという。

三日目の朝に奈良の東の市へ行くのですが、例の修行者はいず、おかしいと思っていましたら、卑《いや》しい男がお経を三つもって、だれかお経を買わないかと言っている。お経を見ますと、優婆夷が昔写経をした梵網経《ぼんもうきょう》というお経二巻と般若心経一巻だった。それを盗人が盗んで、それがここで売られていた。取り返そうと思って言われたとおりのお金で買いとります。閻魔さんのところで三日後に会いましょうと言った三人というのは、三巻のお経であることがわかった。

お経が人になって出てくる話は、割と多いです。自分が写経したために地獄に行ってもその経が坊さんになってきて助けてもらうという話は割とあります。これはそうではなく、閻魔さんのところで会った修行僧の形をしている黄色い衣を着た人がお経だった。これもひとつの共時的現象の話と言えます。

中巻の二十五話にあるのは、閻魔大王の使いにご馳走《ちそう》を出した話です。讃岐国《さぬきのくに》山田郡に衣女《きぬめ》という人がいた。この人が病気で死にそうになる。そして閻魔大王の使いの鬼がくるが、その鬼にご馳走を出す。鬼は喜んで食べて、おまえのご馳走を受けたから恩に報いようと、鬼は他の村の同姓の衣女を探して身代りに連れてゆく。しかし閻魔大王は調べて、まちがっているから本物を呼んでこいと鬼を怒る。鬼がもともとの衣女を連れてくると、閻魔さんは身代りの衣女を帰らせます。

ところが、三日過ぎていたので、火葬にされていて体がなくなっていた。だから身代りの人は、また閻魔さんのところへ帰ってきて、せっかく許していただきましたが、心を宿す体を失ってしまっています、拠所《よりどころ》もありませんというと、閻魔さんが、そうしたら今死んだ衣女の体に入れという。まだ体は残っているかときくと、まだ残っていますよ、というわけでそれに入って生き返る。

生き返った途端、女は「ここは私の家じゃない、おかしい」と言う。そして、自分の家に帰ると、体が違いますから、両親が、「おまえはうちの子やない、うちの子は火葬にした」と言う。ところがそうじゃないと経緯を詳しく説明する。それで結局のところはこの人は四人の父母と一緒に楽しく暮らしました（笑）。

これは極めて日本的な終わり方ですが、おもしろいのは、この話には魂と体、心と体の問題が入っている。第一の衣女と第二の衣女とがいますが、結局、第二の衣女は体を焼かれてしまって第一の衣女の体と結合する。そうなったとき、これはだれなのか。魂のほうの第二の衣女なのか、体のほうの第一の衣女なのかという問題が生じます。

子供のころ読んだインドの話で、ものすごく忘れがたい話があるんです。ある旅人が二匹の鬼の喧嘩《けんか》に立ち会って片方に有利な判定をする。そうすると不利になった鬼が怒ってバクッと旅人の片手を食う。有利にしてもらった鬼が、気の毒にといって、死んでいた人の右腕をパッとちぎってそこにつけてくれる。今度は同じようにして左手がとりかえられる。このようにして鬼が全部自分の体を食ってしまうが、片方の鬼が他人の体をつけてくれる。その人は死なないですんだんですが、考えたら自分がだれかわからなくなる。私は一体だれなんだといってお釈迦《しゃか》さんのところへ訪ねていく。お釈迦さんの答えは、体や心にこだわらなくてもいい、そもそもこの世ははかないものであるということがわかればいいんだ、という話だったと思います。子供心にもこわいし、ほんまはどうなんやろと考えるとだんだんわからなくなって、混乱したことを覚えています。

おそらくそういう話をどこかで踏まえているんじゃないかと思う。それをあっさり心のほうも結構、体のほうも結構といって、まったく不問にして、親が四人にふえましたなといっているところは、すごく日本的ではないか。論理的な解決を考えない。論理的追求をやめて一つの実際的な解決策にもっていくところが印象的です。

下巻にもいろいろ話がありますが、これまで示してきたのと同じようなのもあり、特に変わった内容のもの以外は取り上げませんが、今後このようなことを研究する人の便宜のため、話の番号と題目のみをあげておきます。第九番「閻羅《えんら》王《わう》の奇《あや》しき表《しるし》を示し、人に勧めて善を修せしめし縁」、第二十二番「重き斤《はかり》もて人の物を取り、又法花経を写して、以《もっ》て現に善悪の報《むくい》を得し縁」、第二十三番「寺の物を用ゐ、復《また》、大般若《だいはんにゃ》を写さむとして、願《ぐわん》を建て、以て現に善悪の報《むくい》を得し縁」などがそうです。

次第に現実的になる

次の下巻の第二十六番目は、罰せられるべき罪として酒に水を加えて量をふやして売って儲けた。水増しして売ることが語られているのが注目すべきところです。酒の水ましの話は『グリム童話』にもあります。

この場合には、主人公は夢を見るのです。私は冥界《めいかい》の閻魔さんに召されて三つの罪を示された。そしてそういう悪いことをしたので、罰せられると言われた。そういう夢を見たと言って、その日のうちに死んでしまったという話です。だんだん話が合理的な形に近づいてくる。もっと前はあの世に平気で行ったり来たりしていたのが、いまの話は夢になります。

次の話は、死んで生まれ変わるのですが、地獄に行ったとか極楽へ行ったという話がなくなってしまうのが特徴的です。これは第三十番目、「沙門《しやもん》の功を積みて仏像を作り、命終《みやうじゆ》の時に臨みて、異《めづら》しき表《しるし》を示しし縁」。修行を積んだ観規《かんき》という坊さんなんですが、このお坊さんは仏像をつくるのが上手で、仏像をつくっていたのですが、ある時、次の仏像がまだ完成しないときに死んでしまう。ところが、二日後に生き返りまして、弟子の明規《みょうぎ》という人を呼ぶ。「私は一つ言い忘れていた。そのままでは死ねないので帰ってきた。自分が完成できなかった十一面観音を完成して欲しい」と言います。明規たちがそれを受け合うので「それを聞いて安心したから死にます」と死んでいくという話です。この場合は、死んで生き返ってきますが、そのあいだに地獄へ行ったとか、極楽へ行ったという話がなくなっている。ただ、この世にし残したことがあって気がかりだから帰ってきたという。

あとの二つが冥界の話が信用されない話です。第三十五番目で「官《つかさ》の勢を仮《か》りて、非理に政を為《な》し、悪報を得し縁」。どんなのかというと、肥前《ひぜん》の国の人で、火君《ひのきみ》という名前の人が死んだのですが、実は時期がまちがっていた。閻魔大王がまちがえたからというので送り返される。帰りがけ、釜《かま》地獄の中で浮いたり沈んだりする人がいた。その人が「待ってください、話したいことがあります」という。聞くと、自分は遠江《とおとうみ》の国の物部古丸《もののべのこまろ》で、生前に公民の持ち物を無理に徴集した。その罪でここで苦しんでいる。どうか私のために法華経《ほけきょう》を書き写してお助けください、そうすれば私の罪が許されましょうからという。

火君は帰ってきて、そのことを細かに申告書に書き取って大宰府《だざいふ》の役所に送った。大宰府はこれを受け取って、また朝廷に書き送った。ところが、奈良の都の朝廷ではこれを信用しなかった。三等官の大弁《だいべん》は冥土の記録を積み重ねたまま二十年経過してしまった。ここでは冥土の話が信用されなくなってきた。

ところが、違う人が就任して、この書状を知り桓武《かんむ》天皇に見せる。桓武天皇は、これはどうもというのでわざわざ施皎僧都《せきょうそうず》という坊さんを招きまして、この世の人間が地獄へ行って苦しみを受けているが、二十年すぎれば許されるものなのかどうかと問いますと、二十年ではまだ地獄の苦しみの受けはじめです、なぜかというと、地獄では、人間の百年をもって一日一夜としており、たった二十年ぐらいでは許されていないという。こういうふうにこちらの世界とあちらの世界と時間が違うというのは、きょうはこれだけしか出てきませんが、『日本霊異記』ではほかのところにも出てきます。あるいは皆さんご存じの浦島太郎の話がそうです。三日間だと思ったのが三百年だった。

意識の表層のところでは時間は直線的で、一時間、二時間、一日、二日ともものすごくはっきり決まっている。意識が深くなるとそれが曖昧《あいまい》になってくる。その証拠に、夢の中では、自分は小学生であるのに、他の人たちはいまのままであったということなどを体験することがあるでしょう。あるいは自分は自分のままなのに、友達は幼稚園の子供で出てくる。あれは、意識が深くなるほど時間体系が崩れてくる。それもおもしろいかもしれないし、それが本当かもしれませんね。われわれは大人だと思っていますが、ときには子供っぽいことをしますし、子供でも大人みたいなことを言いますね。子供にしてはいいところを見ているなと思うときがある。あれは子供だと思っているけれども、本当は深い、五十歳、六十歳ぐらいの知恵もあるんじゃないかと思う。

われわれ人間は、ふつうの生活をしているときはふつうの約束どおりの意識で生きている。しかし、現実というのは案外おもしろくて、深い層では時間体系も違うと考えるといいように思います。

天皇はそれを聞かれて、詔《みことのり》を下して遠江の国の古丸の行跡を調べますと、申告書に書いてあるとおり、悪いことをしていた。天皇は悲しまれて、古丸のために法華経の一部を写経された。そういう話です。

信用されなくなった冥界の話

もう一つ、こんなのがあります。第三十六話で正一位藤原朝臣永手《ふじわらのあそみながて》という人がいた。実際に現存した人です。正一位の人ですから伝記を見てもわかる。藤原永手は光仁《こうにん》天皇のときの太政大臣《だいじょう》です。永手の子供に家依《いえより》というのがいる。家依がお父さんに関して悪い夢を見ます。見知らぬ兵士三十余人が父親を連れにきた。これは悪い兆《しるし》です。仏に祈禱《きとう》し、災厄をお祓《はら》いなさるのがよいと思いますと言うんです。おもしろいのは、お父さんは、何を言っているかと言って信じない。だんだん前兆とか夢が信じられなくなってくるのがよくわかる。家依は夢を信じている。「お父さん、悪い夢を見ましたからなんとかしてください」というと、お父さんは「何を言っているか」と聞き流す。そうすると、永手は、しばらくすると死んでしまう。夢が当たったというわけです。

お父さんが死んでから家依は長いあいだ病気をします。病気になって困っているとき、看病にきていた一人の禅師が、家依の身代りに自分を差し出すといって捨身になって祈禱する。そうすると「病者託《くる》ひて言はく」、例の「託《くる》ひて」というのが出てきます。家依に永手がつき、「私は永手だ。私は生前法華寺《ほっけじ》の幢《はたほこ》を倒させたり、西大寺《さいだいじ》の八角の塔を四角にし、七層の塔を五層に減らしてだいぶ倹約した。そういうことをやった罪で閻魔大王に召されて火の柱を抱かせられたり、折れ曲がった釘《くぎ》を手に打たれたりして困っている。ところで、今閻魔の宮に煙が立ち込めてくる。『なんの煙か』と閻魔大王が問うので、『家依が病気になって、みんな一生懸命拝んでいる。そのときに呪文《じゅもん》を唱える僧がお香を焚《た》く。その煙が閻魔さんのところに匂《にお》ってきているのです』というと、閻魔大王は、『そんなことをやっているのか』というので私を許して追い返された。しかし、体は焼かれて、霊魂の落ち着くところがないので、宙に漂っているんだ」と言います。そういうふうに言った後、急に家依が元気になって、食事をほしがり、病気も治って起きあがった。

ここで教訓として書いてあるのは、永手という人は、七層の塔を五層にしたり、八角を四角にしたり、仏事の金を節約するからいけない、それは罪だということです。永手はどうなったかというと、帰るところがなくて、漂っているだけで、次にどうなったか書いてありません。

ここでおもしろいのは、永手は息子の見た夢の前兆を信じていない。こういう前兆など信じない人が多くなったのではないでしょうか。後で景戒が、前兆をもっと信じなきゃいけないと書いてあるところがあります。

その次の第三十七話がまた信用されない話です。「因果を顧みずして悪を作《な》し、罪報を受けし縁」。これも第三十五の話と似たようなので省略しますが、やはり大切な点は冥界の話が信用されない（後には確認されますが）というところです。

現実の生活と宗教

　このように時代が下ってくると前兆を信じないとか、冥土の話を信用しないなどという話があらわれてきます。このことは、人間の表層の意識の合理的な面が強化されてくるほど、あっちの世界と通じるような、そういうところがだんだんわからなくなっていくことを示しています。もっと厳密な言い方をすると、人間が自分の死にかかわるような意識というか、それがイメージとして展開するような意識とは、だんだん切れた存在になってくる。

「私」が生きているうえにおいて、私という存在がどのように世界と関係し、どのように支えられているかということはものすごく大事なことです。そのときにふつうに生きているときはそんな心配はない。なぜかというと、帰ったら家があるし、黙っていても銀行へ行けば月給が送り込まれている。そのお金をもっていって買物すればものが買えるわけです。

　たとえば、私がタクシーに乗って千円札を出す。これは使えませんよとタクシーの運転手が言ったとしたら、びっくりしますね。本当の金を出しなよ、本当の金を、と言われるとびっくりしますね。要するに私は金を頼りに生きているということです。

ところが、死んでからは役に立たない。舟で渡るとき、本当の金を出す人に限り極楽に連れてゆくなどということになると大変です。われわれは現実生活に支えられて生きているからなんとも思わないんですが、急に自分のもっているお金がほんものかどうかわからなくなるような経験をする人があります。

どんな人かというと、例えば家へ帰ったら急に奥さんが死んでいたということがありますね。自分の目の前で恋人が交通事故で死ぬ。あるいは自分自身が思いがけない病気になることがある。急に会社がつぶれることがある。われわれの世界が急にコロッと変わる。自分が支えられていたものを急に失っていく。そのとき、私は本当は何に支えられているかということが問題になる。

そういうとき、自分の支えをこの世の支えを超えて、超越的な、絶対的なものとの関連において考えることが宗教的なことだと思います。たとえば、死んでからあちらの世界で住む家が確立している人は、この世が急に変化してもそれほど驚かないことでしょう。

そういうことをイメージの体験として相当リアルに生きていたのが『日本霊異記』の時代です。われわれはそういう時代から変わってきて、現実に何を食べているか、何が食べたいかをものすごく大事にしていますので、表層の意識をすごく強化している。あまりにも強化してくると、これと同じことで、深層の話は信じられなくなってしまう。そういうところへ下りていけなくなってしまうという状態にある。

そこでわれわれとしては、現実の意識も強化し、現実の世界の中で生きながら、しかも深いところにつながる意識をもつにはどうしたらいいか、あるいはもてるのではないかということを考えるわけです。そういう点を考えるうえで『日本霊異記』は、しょうもない話が書いてあるようでありながら、参考になるところがある。ときどきおもしろ半分でもいいですから考えてみるのも意味があるのじゃないかと思います。と言っても、いま写経しても、字は上手になるかもしれないが、向こうで役に立つかどうか。『宇治拾遺物語』にあったと思いますが、写経してもだめだという話がちゃんとある。写経しているんですが、自分は戒を破って魚を食ったり、女性とまじわったりして、身を清めないでそのまま写経していると意味がなくて、閻魔大王に連れていかれる。汚い川の流れがあらわれたので、あれなんやというとお前が写経した墨やという（笑）。写経をしても平生の心がけが悪かったらあまり意味がないし、写経を見て下さる坊さんがあまり清らかでなかったりすると、ますます……。

それではわれわれには一体どんな生き方があるのか、どういう死後の世界とつながるのかということに対しては、おそらく誰にもあてはまるような便利な答えはなく、個々人が努力してそれを発見してゆく、その過程こそがその人のかけがえのない人生だということになるのでしょう。そのときに、あんがい『日本霊異記』のような古い物語を読んでみるのも参考になると思います。

第四章　物語のなかの男性と女性

——思春期の性と関連して——

これは思春期の講座ということになっていますが、思春期というのは長い人生の中で非常にむずかしい、ひょっとしたらいちばんむずかしい時期ではないかと思います。そのむずかしい時期にいる方々にわれわれはお会いするんですが、やはり思春期の問題としては男性と女性を結びつける性ということが非常に大事になります。そのことを考えて、性教育ということを一生懸命にされる方もありますが、ほんとうのところは教育できるほどこちらがわかっていないというのが実情ではないかとさえ思います。

こんなことがありました。京大の相談室では大学院の人がいろいろと相談を受けていますが、そこへ思春期の子が相談に来ました。来るときにいつも漫画をもってくるんです。漫画をもってきて、「この漫画、すごく面白いから」といって、続きを教えてくれる。その話をすること自体が非常に意味がありますので、ずっと聞いていたら、何回目かのときに漫画をもってこなかったんです。おかしいなと思って、終わる頃に「今日はあなた、漫画をもってこなかったね」というと、「はあ、ちょっと話が先生にはきつすぎると思って、もってきませんでした」といった。つまり漫画の主題が近親相姦《そうかん》の主題だったので、それは私ならいいけど、先生にはちょっときつすぎる、と思って、ちゃんと心遣いをしてもってこなかったということがあります。だからひょっとすると、思春期の子供さんのほうがわれわれよりもよく知っていることがたくさんあるのかもしれない。

そんなわけで、そういう大変むずかしい時期にむずかしいことを考えながら若い人は人生に当たっていきますので、ほんとに考えだすとわけがわからなくなる。私もほんとうのところはわからないなあといつも思っています。わからなくても、わかっている範囲内で本が書けたり、話ができたりするわけで、今日もわかっている範囲内で話をするんですが、案外話がむずかしくなるかもしれません。これはもう仕方ないですね。男と女の話はほんとうにむずかしいと思います。

男と女という分類

男性と女性ということに対して、私は非常に関心があります。なぜ関心があるかというと、ひとつ言えますことは、人間が物事を考えるときに、物事を分類して考えると非常に考えやすい。だから上と下とか、東と西とか、いろいろそういう軸をわれわれはもっている。たとえばここへ来るにしても、高速神戸の駅から降りて北へどのぐらいとか、東へどのぐらいというと、大体わかる。そういう考える軸というのをわれわれはもっていて、その軸に沿って物事を考えている。

そのときに、皆さんの各々《おのおの》の人生観を支えているいろいろな軸がありまして、正直であるか嘘《うそ》つきであるかという区別をすごく大事な軸にしておられる方もあります。あの人は正直だというと、これは良い人だ、あいつは嘘つきだというと、悪い人だというふうに、正直であるか嘘つきであるかということがすごく大切な軸になっている。それとは反対に、そんな区別を自分の人生観の中であまり大事にしていないという人もいる。

皆さん、考えられたらわかると思いますが、正直と嘘つきというと、善・悪というふうにその軸がピタッと決まってしまう。しかしひょっとしたら、嘘つきのなかにも立派な人がおられるかもしれませんね。あまり嘘つくのが上手だから総理大臣になられた方もあるような気もする（笑）んですが……。なかなかそう簡単に善悪と重なるかどうかわからないですが、ある人にとってはそれは絶対的な軸である。

皆さん、自分で考えられますと、たとえば「女たらし」なんていうと、悪というふうに考えている人が多いのじゃないでしょうか。中にはその悪をちょっとやってみたいと思う人もいますが、女たらしというのは絶対悪だというふうに考えておられませんか。

ところが昔の物語をみますと、「色好み」という言葉があります。色好みというのは、いろんな女性のところへあちこち訪ねていく男性のことですが、そういう色好みの男性について、なんとなく色好みが強すぎて困るというニュアンスをもって書かれているときと、色好みをするような素晴らしい人間、色好みをするような豊かさといいますか、そういう意味で書かれているときとがあります。だから色好みというのは、われわれが考えている女たらしとは違う感じなのです。

たとえば、在原業平《ありわらのなりひら》なんて人は色好みの最たるものですが、ああいう人はすごく尊敬されているところがあります。なぜそういう色好みが尊敬されるのかというと、その頃の色好みであるのかないのかという分類がすぐに善悪の区別と重なっていないからですね。そのところが非常に面白い。

そんなふうにわれわれは物事を分類するんですが、その分類のなかで、男と女という分類がある。これは非常に明白で、たとえばここで皆さんに向かって、「こちらの席には男の方、こちらの席には女の方が座って下さい」といった場合に、「私、どちらに座りましょうか」と相談にくる人はない。みんなぱっと明確に分かれてしまう。もちろん皆さんがお会いになるような人のなかにはちょっとわかり難《にく》い人もおられると思います。見たところは女性に見えるけれども男性だという人もいますし、見たところ男性だけれども肉体は女性だという方が実際おられます。そういう人がおられますけれども、一般常識に従う限り、男・女というのは非常にはっきりした分類です。同じ人間でありながら、非常に明確に男と女に分かれるわけです。もちろん大人と子供という分類もありますが、その場合にちょうどあいだぐらいの人がたくさんいてわかりにくいのですが、男と女というのはピタッと分かれる。

そういう意味で、人間が自分の人生観、考え方をつくりあげるときに、男と女という区別は非常に大事な軸になってきます。現代はちょっと変わってきましたが、ほんの少し前でしたらどんな文化でも、男性はこういうことをする、女性はこういうことをするというふうな考え方が強かったと思うんです。ただし、たとえばマーガレット・ミードの調査によれば、男の人が子守をしたりお化粧をしたりして、女の人が仕事をしているというところもあります。ありますけれども、その場合にしても、男と女の仕事はものすごく明確に分かれている。男はこうあるべきだとか、女はこうあるべきだ、という考え方で男女を分けて考えている。それはほとんどの文化においてあったと思います。

これはなぜかというと、人間がものを考えるときに分類が明確な場合は秩序を保ちやすいからです。つまり、東西南北というような軸がはっきりしているからわれわれはものがはっきり言えるので、日によって東西南北が変わったりすると大変で、人に地図を教えるときに困ります。だから男女というのもピタッと決めているほうが秩序がとれる。

皆さんのなかでも、秩序ということがすごく好きな人はそういうことに自分でもこだわっているような気がしませんか。何かものを言うときに、女のくせにとか、男のくせにとか言いたくなってくる。男のほうがなよなよとしていると秩序が乱れるような気がするし、女の人があんまり勇ましいことをやると秩序が乱れるような気がする。それは昔から人間が考えてきた秩序のなかで、男・女というのがひとつの非常に大事な軸になっているということを示しています。

私はそれがいいと言っているのではありません。間違わないでほしいのですが、そういうふうに人間は考えてきたということです。実をいうと、その軸をいま壊そうとする動きがあったり、あるいは自ら壊れつつあったりして、いろいろむずかしいことが起こっているんですが、まず最初にそのことはわれわれが念頭においておかなければなりません。

そして、男らしい・女らしいという区別はある程度勝手に決めているわけで、絶対的なものではないということも知る必要があります。たとえば私が子供の頃は、男らしいというのはともかく強いということでした。男は簡単に泣くものでないとか、喧嘩《けんか》しても負けないとか、苦しくてもヒーヒーいわないということになっていました。私は残念ながら体は弱いし、ヒーヒーいうし、泣くし、その分類でいうと、男のほうに入らないので、すごく苦労しました。

平安時代の物語にみる男と女

そんなこともあってなのかどうかわかりませんが、平安時代の物語を読むと非常に羨《うらや》ましく思います。平安時代の物語を読むと、男はしょっちゅう泣いていますからね。嘘だと思ったら『源氏物語』を読んで統計をとられたらよろしい。どこで男が泣いて、どこで女が泣いたかと計算すると、大体男女半々ぐらいでしょう。悲しかったら泣きますし、嬉《うれ》しくっても泣いてます。

私は平安時代の物語が好きで、よく読んでいますが、感心するのは、あそこに出てくる男の場合には、殴り合いの喧嘩をしないんです。たくさん男性が出てきて、たくさん女性とのさやあてがあるけれども、殴ったとか蹴《け》ったとかいうのはまず出てこない。これは非常に珍しいことじゃないかと思います。もちろんあの時代にああいう物語があったということ自体が珍しいことなんですね、西洋の小説などはもっと後から出てくるわけですから。

たとえば皆さん西部劇のことを考えたらよくわかると思います。西部劇というのは非常にわかりやすいお話ですが、あの中で殴り合いがない例はものすごく珍しいのじゃないでしょうか。ピストルを撃たないし、男がガーンとやるところがない西部劇、そんなの考えられないですね。ところが平安時代の物語には、私が読んでいる範囲内で殴り合いというのはひとつも出てこない。

そして男は何をしているかといったら、泣くか和歌を作るかしている。そんな時代に生まれたら僕もよかったような気がします、和歌が作れないのでだめだと思いますけれども。ともかく、そういうのをみると、男らしさ、女らしさというのは、時代によって、文化によって違うということです。だから男はこうだ、女はこうだと、そのカルチャーのもつ秩序のうえで決めているけれども、それは本来的にそういうものではないということをわれわれはよく知る必要があります。

たとえば『日本霊異記《にほんりょういき》』などを読んでみますと、あの中には女の人でやたらに力の強い、百人力みたいな女の人などが出てきます。だからあの頃はわれわれがいま考えているような男女の分類と違う考え方をしていたのではないかと思います。

そして、あの当時の物語をみますと、たとえば皆さんが『源氏物語』を読まれてもおわかりだと思いますが、男性が綺麗《きれい》な女性を目当てにして訪ねて行って歌を渡して、返歌が返ってくるときと返ってこないときとあるんですが、返ってこなくても何度も何度も出したりして、男女の関係ができていく。それが非常に大事な話になっています。

ところが、物語はあのようになっていますが、あの頃の日本の男性たちがいちばん熱心になっていたことって何かわかりますか。『源氏物語』などをみると、男といったら、いつ女性のところへ訪ねて行くかとか、何人訪ねるかとか、そればかり頑張っているように思いますが、あれは物語でして、実際に男たちがいちばん頑張っていたのは官位が上がるということです。自分の官位が中将から大将になり、それから右大臣、左大臣、太政大臣《だいじょう》と上がっていく。といいましても、もちろん生まれによって決まっていますから、そんなにむちゃくちゃには上がれないんですが、その人なりにずっと上がっていける。それをどのように上がるかということに男どもは必死だった。ただし、面白いのは、それを殴り合いの喧嘩とか殺し合いをやらずにやっている。ものすごい贈り物をしてみたり、男女関係を上手に使ったりしながら、男は官位を上がることに一生懸命になっている。その一生懸命になっているなかで、女性のところへ訪ねて行くことをしているわけです。

女性の人たちは男が訪ねて来るのを待っていて、男との関係ができて、ただそれだけのように見えますが、おそらく裏で、男どもの官位の上がり下がりのなかでいろんな陰の仕事をしていたのではないかと思います。たとえばある既婚の女性に恋人ができた場合、自分の夫がその男性より上のほうだったら夫に昇進を頼むということができるわけですから。しかし、そういうことは物語にはあまり出てこない。

それからあの当時の物語を読んで面白いと思うのは、女性が相当な拒否権を持っているということです。いくら男が訪ねて来ても、戸をパチンと閉めてしまえば入れない。戸を破らない限りは入れないけれども、破って入ったという話は全然ない。これはそのルールを守らなかったらもう人間扱いされなかったのではないかと思います。

アニマと魂

そういう男女のことがあのなかにずっと書かれているのですが、われわれの時代になってもやはり男女のことというのはみんな非常に関心があります。誰と誰が婚約したとか、婚約を破棄したとかいうだけでものすごい騒ぎになるんですから。考えてみたらアホみたいな話ですが、あのために新聞記者が何百と出て行って、同じ写真しか撮れないのにパチパチ写真を撮っているわけです。それを見て、われわれも何のかんの言っているということはすごく関心があるということですね。

そして、われわれの若い頃には、映画でも文学でも中心はほとんど恋愛だったといっていいのじゃないでしょうか。私と同年配ぐらいの方がおられたら思い出されると思いますが、われわれは映画をたくさん観《み》たものですけれども、その映画のほとんどは男性と女性のことでした。恋愛が成功したり成功しなかったりする、それを観ては感激していたわけですね。

だから、男女の関係については、平安時代から今に至るまでずっと繰り返されて、そして幸か不幸かこれだという答えがありませんので、いくら作品をつくってもかまわない。いくらでもつくれて、いくらでも観に来るというふうになっています。それほどわけがわからないのです。

そういうわけのわからない男性と女性の関係について、軸であるということのほかに、ユングの心理学では、男性にとってアニマというものが女性の姿で現れてくると言ってます。アニマとはラテン語で魂ということです。ユングがいちばん関心があるのは魂の話なんですが、心理学者ですから、哲学者のように、魂とは何かとか、魂と心はどう違うかとか、そういうことをいうのではなくて、人間の心の中で魂は一体どんなふうに現れてくるか、どんなふうに見られるかということに関心をもったわけです。

そうすると、私の心の中にある女性のイメージとぴったり合うと思われるような方が現れると、私はまるで私の魂に対して憧《あこが》れるように、あるいは私が私の魂となんとか接触したいと思うような、ものすごい心のエネルギーが動いて、その人を好きになる。その人に会うだけでいいと思う、あるいはその人の声を聞くだけでいいと思う、という状況が起こるということを言ったわけです。つまり、われわれが体験する恋愛ということについて、いわゆる色恋沙汰《ざた》といいますと、なにか嫌な感じになるんですが、そうじゃなくて、そこに魂の問題が入っているというのです。

事実、皆さんは自分の体験を思い出していただくとわかりますが、異性の誰かを好きになった場合には、確かに全く普通と違う感じになりますね。あの人に会えると思うと、二時間や三時間ぐらい待っていてもいいとか、あるいはあの人がにっこり笑うかもしれないと思えば、いままで嫌いだった数学もやってみようとか、そういうことが起こると思います。高等学校のときに、いままで歴史が嫌いだったけれども、ハンサムな先生が出てきた途端に歴史ばかり勉強したとか、つまりその人が喜ぶということが自分にとってすごい感動を与えるわけです。

そして、自分でも途方もないことをようやったなというほどやったときというのは、大体恋愛のときだと思われませんか。まだ経験のない方は非常に残念ですが、そのうちにあると思います。ありすぎて困っている方もありますが、そういうなんともいえん心の動きというものを魂の問題としてとらえようとします。

その時に、魂といっているけれども、一体何なのか、わかっているのか、ということになりますが、私はこんなふうに考えています。魂は、命ということとすごく関係が深いように思います。私が命あるものとしてここにいるということはものすごく不思議なことですね。ほんとに不思議なことです。私はどうして今日この机にならずに人間になってきたのかと考えると不思議ですね。しかも同じ命があるにしても、どうして羊にならずに人間になったのか、これを考えたら大変なことになりますね。

ちょっと横道にいくようですが、何年か前、大学で学生さんがすごく元気よく活動したときがありました。あのときに、入学試験の問題をあの学生さんにとられて破れたらお終《しま》いですから、入学試験の問題は秘密のところに隠してある。そして係の人間が密《ひそ》かに行って、車でそれを試験場までもって来ることになっていた。

そのとき私は副委員長で、試験委員長は上田閑照《しずてる》という、宗教哲学をやっておられて、禅のことをよくお書きになっている、私の非常に好きな先生でした。上田先生と私があるところへ行きまして、その問題をもって自動車で来て鴨川《かもがわ》の辺りを通りかかった。その時上田先生が急に「河合さん、河合さん」と言われるんです。あっ、誰か現れたかと緊張すると、「河合さん、カモが見えるでしょう」とおっしゃった。確かに鴨川でカモかなんかが飛んでいるんです。ものすごく真面目《まじめ》な顔をして上田先生が、「われわれはここで人間になっているけど、どうして、あれは鳥になっているんでしょうねえ」と言われたので、びっくりしたことを覚えています。私は試験用紙のことばかり思っていたんですが、上田先生は試験用紙のことなんか完全に問題でなくて、どうしてあれはカモに生まれたかということを考えておられたのです。やっぱりスケールが違うなと思って感激しましたが、ほんとうにそうなんですね。

試験問題なんて破られようが、試験がなくなったってまたやったらいいんですが、こっちは、カモになっているか、人間になっているかと、これは大問題ですからね。ところが、そのことをあまり一生懸命に考えると、試験が始まるときになって「試験用紙、どこかへやってきましたなあ」とかいって、「どこでなくしたのですか」ときかれて、「私はカモに……」なんて答えると、これ絶対京大を辞めにゃいかんことになると思うんです（笑）。

そういう非常に本質的な、自分の存在にかかわってくることについては、不思議なことにわれわれは考えないことになっている。そして私はよく思いますけれども、人間はあまりそういう本質的なことを考えないために毎日忙しいのではないかと思ったりします。要するに、判定表を書かにゃいかんとか、税金の申告をせにゃいかんとか、何か思っているお蔭《かげ》で、自分が人間に生まれてきたという大事なことを考えずに済んでいる。というか、忙しさのためにみんな普通に生きているといったほうがいいのじゃないでしょうか。

その証拠に、とことん暇なところへ一年間も行かされたら、誰でもだんだんおかしくなってくると思います。「月給はたくさんあげますから、何もしないでこの家に一人で住んで下さい。料理も全部運びますから、……」、これが続く人は珍しいと思います。半年ぐらいいたらたまらんようになります。

「私」とは？

しかし、ほんとうは人間はそういう問題をもって、命をもって生まれてきている。

そしてここで話をしている私というのは、一応私の心を表現していると考えるわけですね。何でそんなことを言うかというと、ほんとうは心をみんな見たこともないし触ったこともないけれども、私の心がといってもみんなあまり怒らないのは、すぐに表現できるからです。たとえば「ここに来て、私は嬉しいです」と、嘘《うそ》でも言えますね。そうすると、みんなはそうかと思います。あるいは「こういう本を読んで、面白かったです」というふうに表現できます。あるいは皆さんが私に「どんな職業ですか」とたずねたら、「いまどこに勤めております」と答えるわけです。皆さんが言葉によって表現できるそういうたくさんのものは、それがどこにあるかというと、心の中にあるといったらわかりやすい。それで「心」という言葉を使っているわけです。

それとともに、私の体というものもあるわけです。このごろ私はつくづく思うのですが、「私の」なんていっていますけれども、私は私の体のことをほとんど知らないわけです。知らないどころか、私の思うとおりにもできないんです。私がここへ来て、紹介されたときに、あっ、これは講演せにゃいかん、だから心臓のほうにちょっと動いてもらおうとか、脳もしっかりやってとか、そんなことは全然できないので、私はただしゃべっているだけなんです。ほんとうは心臓も脳も休まずに頑張ってくれているわけで、これらに急に休む気を起こされたら大変なことになるわけですが、それを私はコントロールできない。心臓どころか、たくさんのことを私はコントロールできない。ということは、私の知らない部分がほとんどだということじゃないでしょうか。あるいは、いま手を動かしていますが、こういう手を動かしたりするのは自分の意思でできますが、私の肝臓をいま自分の意思で頑張らすということはできない。

そう考えると、「私」なんていっていますけれども、ほんとうは私の知っている私なんていうのはほんのちょっとで、知らない私のほうがよほど多い。しかし一応「私の体」ということは言えるわけです。

ところが、皆さんご存じのデカルトという人が、人間というものを心と体にはっきり分けて考えようではないか、と言ったのです。なぜかというと、体のほうは実体で、実際にあります。ところが心は、確かにあると私が言っているわけですから、そのように言っている私の心はある。そこで実体がない心というものと、実体がある体というものを明確に分けて考えることが大事ではないか、とデカルトは考えたわけです。そこがデカルトのすごいところで、そういう考え方をもとにして近代の医学も出てくるし、近代の科学も生まれてくる。

ここであまり近代科学の話をする気はありませんが、そのように心と体を明確に分割することによって近代の科学が出てきたということは非常に大事なことです。皆さんは大学などでそういうことを習っておられると思います。観察するものは、観察する現象から離れて観察しなくてはならない、客観的に観察しなくてはならないということを習われたでしょう。そういうことをやって科学が進んできた。

ところが、私という人間はほんとうに心と体だけでできているのだろうか。心と体を足したら私になるのだろうか。どうもそう簡単にいえない。心といっても、どうもぴったりこないし、体といっても、どうももう一つといえるようなことがある。そういうものの最たるものは性、セックスだと思います。

わかりにくい「性」の問題

性ということが、ものすごくわかりにくいのは、それを体の問題として語ることができる。しかしそれは一部にしかすぎないからです。性教育をする場合にちょっと残念に思うのは、性教育を体のこととして話す人が多すぎるのではないかということです。なぜかというと、体のこととして性教育の話をすることは誰でもできる。私は知っています、というふうにいえる。それは男性と女性がどう結合するかとか、どう子供ができるかということはいまは非常に詳しくわかっているので、いくらでも詳しく言えるからです。

しかしたとえば、私のところに誰かが相談に来られて、「私は自分の夫以外の男性をすごく好きになって、ここまで人を愛したら性的な関係ができるのも当然……もうそれがなかったら話にならないと思う。しかし夫がいる。先生、私はどうしたらよろしいでしょうか。その男性がどこかへ遊びに行こうと言ったときに、一緒に行くべきでしょうか、行かないほうがよろしいでしょうか」というようなことを言われたときに、「いや、それは性の問題ですから、性教育の方にお聞きになったらどうでしょう」とは答えるわけにはいきませんね。性教育の人はどうしたら避妊はできるかというようなことを教えてくれますよ。ひょっとして恋人がエイズの場合はどうするか、なんていうこともちゃんと教えてくれます。が、相談に来られた人の言いたいのはそんなことではないんです。

それでは何を言いたいのでしょうか。実は、「私にとって性的な体験ということは何を意味するのでしょうか。私の人生観のなかでその性ということをどう位置づけたらよいのですか」ということを訊《たず》ねておられるわけです。

そのときにわれわれがあるひとつの考え方でぱっと割り切っている場合は、答えは非常に簡単に出てきます。たとえば私が、日本の近代の考え方によって、「いや、あなた、不倫はいけません。それは倫理を破っています。ご主人がいちばん大事ですから、そんなのやめなさい」といったら、これは非常に簡単に理屈で割り切れます。ところがその人は「先生、それはわかっているんです。わかっているんですけど、やめられないんです。というのは、そんな頭の問題ではなくて、私の存在全体がそう動くからです」といわれる。

それからまた、片方の極の考え方の人は簡単です。なぜかというと、好きだったらいくらでも肉体的な関係があったって、問題ないと思っているから、「そんなに好きだったら行きなさい」という人がいるかもしれない。しかし相談に来られた人に、「そんなに好きだったら別にかまわないじゃないですか」といったら、その人は必ず「いや、先生、私には夫があるんです」と言い出すでしょうね。

そのときには単純な理屈で、「はい、こう、はい、こう、」と答えを出すのではなくて、自分の人生をどう生きるかということのなかでの性の問題としての相談を受けたと考えるべきではないでしょうか。その場合に、われわれはどうするのか。私は思うんですが、そういう性というものはその人の魂に関わっているのです。つまり「それは体の問題です」、「心の問題です」、などといえない。その人の存在全体を底から動かしているようなものです。そしてその問題を抜きにして私は生きていても仕方がない、とその人は言われているのだと思うのです。

そのときに、たとえば男性との関係があって、それが不倫だということで常に自分を責めて責めて人生を生きている人もいますし、そして自責の念のために自殺する人もあります。あるいは、夫との関係は破りたくない、この人との関係も結びたくない、最後は死ぬより仕方がないというので死ぬ方もおられます。これは昔からたくさんの小説のテーマになっていますね。だからその人には自分の肉体を消滅させてもまだ大事にしたいものがあるのだ、と考えますと、人間は心と体だけでできているのではなくて、人間を全体として、私も知らない私として存在させているものがある。そういうものを魂と考えたらどうか。

魂の洗浄

ユング派のヒルマンという人が非常に面白いことを言ってまして、魂というのは、あるとかないとか、そんなものじゃない。そうではなくて、魂というのはひとつの見方なんだ。自分の人生をみるときに、魂があると思って人生をみてみる。それはどういうことかというと、人間を心と体に分割してしまわない。これは心の問題だから、体の問題だから、などといわずに、心も体も全体として人間をみていこうという見方をする場合に、「魂」という言葉はすごく強力である、というわけです。

私はこんな経験をしたことがあります。あるクライエントの方で、ほんとうに大変な苦労をされた方がいました。これは、思い間違いをする人が多いのですが、私のところに心理療法を受けに来たり、分析を受けに来たりしたら悩みが解決して、ぱっと楽になると思っている人が多いのですが、逆に私のところに来れば来るほど悩みが深くなるという場合もあるんです。この方も私と会っているうちにどんどん、どんどん苦しみが深くなっていく。そして次々むずかしいことが起こってきて、これがよくなったかと思うと、また苦しいことが起こって、というようにずうっと続いていくんです。

私は一緒にずっとやっていて、まあ、そうだろうなあと思っているわけです。これだけの苦しみを味わわないことにはこの人は生きていけないだろうと思っていますから、一緒に付き合っているんですけれども、もうとうそれを抜け出したかと思ったときに、またバーンと大きいのがくる。あんまり気の毒で、私は本来そういうことを言わないんですが、つまりだいたいの場合は慰めることはしなくて、クライエントが苦しかったら一緒に苦しんでいるだけのことが多いんですが、さすがにたまりかねて、ちょっと慰めを言いたくなってしまった。「あんた、せっかくとうとうまいことといったかと思ったのに、またすごいのがきましたね。ほんとうに気の毒に思うけど、あなたが生きていこうと思うと、これだけの苦しみは仕方ないんじゃないですか。僕も一緒に付き合いますから、もういっぺんこの苦しいのをやりましょう」というたら、その人が「いや、先生、そんなこと慰めてもらわなくてもわかってます」といわれるんです。「えっ？」というと、「私は先生に最初にお会いした日から、先生と分析を続けていくあいだに、そういう苦しいことはずっとずっとあるということをちゃんと覚悟してました」といわれた。で、僕は感心して、「あんた、すごいな、よう覚悟してたね」といったら、「いや、いや、先生が一回目に言われました」というんです。「僕が何言いましたか」といったら、その人がこういうことを言われたんです。

その方は心身症的なところが多くありましたから、「これは先生、心のほうが原因なんですか、体のほうが原因なんですか」と私に聞かれたらしい。私は覚えてないんですよ。しかし聞かれた私は「あなたの問題は、心が悪いのでもないし、体が悪いのでもないです」といったらしい。その人が「何が悪いんですか」とたずねたら、私が「あなたは魂が腐ってますから」と答えたらしい。で、その人は、「ああ、腐っている魂の掃除をするんだったら、これは大変なことが起こる」と、そのとき覚悟した。

「だからその後は魂の洗浄をやっているのですから、大変なことが起こってあたりまえなんです。大変なことが続きましたが、何とか生き抜いてこられました」。普通の人だったら、ほんとに死んでいてもおかしくないと思います。

そのときに私はそれを聞いてびっくりして、「まあ、ひどいことをよう言うたもんですな」といったんですけれども、その人は「いや、先生、それはほんとうだから仕方ない」と。僕は覚えてないんですけれども、そのときにぱっと言ってしまってたんですね。これはよほど覚悟してもらわないとできないと思ったから言ったんだろうと思いますが、そんなときに「魂」という言葉は非常にぴったりくるんですね。あなたの心がけが悪いんですとか、体のどこが悪いんですとか、あなたはお父さんをどう思ってますかとか、お母さんにどう育てられましたかとか、というようなことを言うと、お母さんの育て方が悪かったのとちがうかとか、父親が怖かったとか、考えるかも知れませんが、そんなことじゃないんです。もう魂が腐っているんだから、魂の洗浄を毎日やらにゃいかんのだから、これは大変です。どぶ掃除どころじゃないですね。そういうときに「魂」という言葉はものすごくぴったりして、あなたの存在自体をもっと自分で掃除せにゃいけない。ひとのせいにできないということですね。

そんなふうに考えると、幸か不幸か、思春期に魂の問題に直面させられている人はたくさんいるんですね。思春期というのは魂がかかわるときです。先ほど私がちょっと冗談半分に入学試験とか税金とかで忙しいから他のことを考えられないのだといいましたが、大体人間はそれほど魂のことなど考えずに生きています。あんまり考えていたらおかしくなりますから。ところが時期によって、魂のこともある程度やらざるをえない場合があって、そのいちばんはっきりしているのが思春期です。それから私は中年にあると思っています。中年というのはどこかで思春期とすごく似ている。もちろんそんなこと全然経験されない方もありますが。

思春期は「蛹《さなぎ》の時代」

思春期の前というのは、子供なりにある程度自分というものができてくる時期なんですね。皆さん自身、子供のころ体験しておられる人が多いし、自分の子供があると思いますが、見ていると、小学校五年か六年ぐらいの子供というのはすごいと思いませんか、記憶力にしても何にしても。たとえばあるときにサッカーの選手なんかが好きになったりしたら、どこに所属しているだけでなくて、生まれはどこだとか、どんな靴を履いているとか、全部覚えているでしょう。ああいう時期には、ぱあっと読むと全部覚えられるぐらいすごいんです。ある意味で、人間は十一歳、十二歳ぐらいで完成するところがあるんじゃないかと思っているぐらいです。

そして、ある程度できたというところで、もういっぺんつくり直して、大人というようなものにならなくてはならない。これは毛虫が蝶《ちょう》になるのと一緒じゃないでしょうか。毛虫を見ていて、あれが蝶になるということはなかなかわからないと思います。何も教えていないのに、毛虫を見た途端に、「ああ、これは蝶の子供や」とわかる人は少ないんじゃないでしょうか。あるいはオタマジャクシを見て、「これは蛙《かえる》の子」とぱっとわかったら相当な人ですね。

それと同じことで、人間だって子供が大人になるというのは大変なんです。ものすごく大変で、その蛹の時代が思春期なんです。そのとき、毛虫は蛹という殻に囲まれて、一見何にもせんでぶら下がっているようですが、実は蛹の中でものすごい変換が起こって、そして蝶になる。だから私は、人間も思春期にはすごい変換が起こっていると思います。そのときにどの子供たちも人間存在の非常に根源的な魂の部分に触れているると思うのです。

それはどういうことかというと、わけがわからんということです。思春期の子供がものを言わなくなるのはあたりまえなんです。あれは隠しているとかなんとかじゃなくて、何を言うていいかわからないわけです。蛹だったら殻に入って黙っていたらいいんですが、人間は殻に入って黙っていることができない。みんな学校にも行かにゃいかんし、勉強もせにゃいかんし、お父さんやお母さんも話しかけてくるわけですね。「どうや」とか、「元気か」とか、「勉強やってる?」とかいうけれども、子供が「うるさい! もうほっといてくれ」と言いたくなるのは、お父さん、お母さんが関心をもっているレベルと違うものが動いているわけです。

お父さん、お母さんたちは、幸か不幸か、大体もう魂から切れているんですね。そういう人を常識の豊かな人というんです(笑)。そういう方がものを言うてくるから、子供にしたら「うわあーっ」と言いたくなる。「ほっとけ」とか「うるさい」とかいうか、あるいはじっと黙っているか。いずれにしても自分のわけのわからない魂というのが動き始める。そしてそのことは、当然ながら、先ほど私が言いましたような性ということと関係してくるわけです。

そういうふうに非常に不可解な仕方で、魂の底からもういっぺん自分をつくりあげるという作業をしますので思春期は大変なんですが、そのときに蛹の殻のように、その子をぐっと守っている力が強いほど、その子はそこを乗り切ることがうまくできる。そして蛹の殻は誰かというと、家族であり、地域であり、学校であり、社会です。そういうものがみんなその子を守っている。ところが残念ながら守りの弱い、お父さん、お母さんがあまり守ってくれない子とか、学校もあまり守ってくれない、そういう子供たちがいます。そういう子供たちは大体は性的なことが非常に前面に出てきます。これは大人が考えている性よりむしろ聖なるものと言ってもいいものです。それに衝《つ》き動かされて、自分でも何をやっているかわからない。

「性」は魂にかかわる

ここでちょっと話題を変えて、性というものをなぜ大人は嫌なものに思ったり、穢《きたな》いものに思ったりするのか、を考えてみる必要があります。さっき言いましたが、女たらしというと、なんか嫌な感じがするし、そして皆さんでも会っている女の子が次々と男性と肉体関係ができたりすると、嫌な子やなとか、嫌らしい子やなとか、勝手なことをしているというようなことをなぜ思ってしまうのでしょうか。性ということについてなぜそう思うのかを考える必要があると思います。

これは私の会いましたある女の子の場合ですが、不特定多数の男の子と性的な関係のあった高校生であるその子が非常にうまいことを言いました。先生が怒って「不純異性交遊だ」と言ったのに対してその子は「先生、何で私が不純ですか。好きな男の人ができるから、その人とセックスの関係があるんです。これは純粋だと思う。先生のように、好きでもないのに奥さんと関係があるのは、これは不純じゃないですか」と。先生がなるほどと思ってしまったので(笑)、どう説明していいかわからないからというので私のところに来たことがあります。なかなかうまいことを言いますね。そういう論理が成立するかもわからないのに、われわれはなんとなく、性のことというと、嫌なことみたいに思ったりするわけです。その逆に、性は素晴らしいと、力説する人もいますが、あんまり素晴らしいとばかりも言うてられない。

そういうことがなぜ起こるかというと、性というのは、先ほど言いました、ちょうど心と体のあいだにあるといってもいいぐらいで、魂の問題なのです。性的な関係はわれわれを一種の融合する状態にもっていく。あるいはわれわれの通常の意識を相当揺すぶる。実際に皆さん、恋愛したあとで振り返ってみると、馬鹿《ばか》なことをしたものだと思うときがありますね。あんな男のために何をうろちょろしたんだろうとか、騙《だま》されたと思って腹が立つようなことがある。あとで常識的に考えると、馬鹿なことをしたものだなと言いたくなるようなところがあるというのは、恋愛はわれわれが通常生きている意識の状態をものすごく壊してしまうものなんですね。われわれが普通に持っている理性というものに対して、これをものすごく衝き動かす力をもっている。だから理性的に物事を考え、われわれが普通は前提にしている秩序を大事にしてこの世を生きていこうとする限り、セックスは恐ろしいものであり、嫌なものであるということになるわけです。

皆さんのなかでも、私の話を聞いているだけで腹が立っている人がおられるかもしれません。そういう方は、秩序とか理性とか、そういうことを非常に大事にしている人ですね。そういう人は私の話にも反発を感じられるかもしれない。それほどセックスというものはすごいパワーをもっている。

そういうセックスに対処するひとつの方法は、そんな恐ろしい嫌なものはできるだけ排除して、表に出さないようにしようとか、性的な関係というのはできるだけもたないようにしようとか、あるいは夫婦の関係だけでぴしっときめていこうとか、そういう考え方がでてきますね。

あるいは、自分は宗教的な仕事をするのだから女性との関係はもたないというようなことが出てきます。これは仏教やキリスト教の場合、非常に強い。仏教の戒律は強いですが、日本の坊さんは違います。日本の坊さんはなぜ違うかということはともかくとして、もともとの仏教あるいはキリスト教では聖職者は女性と関係をもたない。

これはどういうことかというと、神に仕え、仏教であれば自分の悟りを開くべくひたすら修行する者がそれを脅《おびや》かされないためです。そのことが入ってくるとめちゃめちゃに揺すられますから、そこは切っていこうという考え方が出てくる。そういう考え方をとると、性というのは恐ろしいものだ、なるべくそれに触れないでおこうということになります。

今度はそのまるっきり裏返しになりますとどうなるか。「セックスというのは体のことだ。体と体の関係であって、それが楽しかったら別にかまわないじゃないか」という考え方が出てきます。それはさっきの裏返しなんです。つまり、性のほんとうの体験をすると、自分の存在を揺すぶられますから、体のことに限定して、あれは生理的なことで、楽しかったらよろしいというわけですね。ただし、エイズになったり性病になるのは嫌ですから、それはやめておきましょう、というような考え方の人は、それもまた性のある半面だけを見ているということです。

そして不思議なことに、仮にそういう生き方をしようと思っても、それはできません。そういうことをしているうちに、その人の魂はだんだん腐っていきます。ものすごく恐ろしいものです。エイズは防げますけれども、それは防げない。なぜかというと、一人の人間と一人の人間がそこまで融合する体験をするということは、体のレベルだけですますことはほとんど不可能なんです。

もちろんある程度意識的に割り切って、「セックスのことは楽しみましょう」と言っている人がおられます。そういう人は不思議なことに、きちっと割り切ってやっている限りは、たくさん男性との関係があったとしても、その女の方の容貌《ようぼう》は衰えません。そのときに生半可にやっている人は見るだけでわかりますね。あの人はくずれているということがぱっと見るだけでわかるような場合は、自分は割り切っているつもりでも心が既にやられているのです。心では別に苦しんでいない。多くの男性と平気で付き合っていた人が夢を見ました。夢に現れた自分のボーイフレンドの後ろ姿を見て抱きつくと、ふりかえった彼がおいぼれた老人の顔をしていたので驚いて目を覚ましました。夢はほんとうに真実を語っています。その人の魂はどれだけもう老いさらばえているか。その人のボーイフレンドは若くて素晴らしくて、セックスは楽しいんだけれども、魂のほうはまるっきりということが夢には出てくる。そういうことがその人にわかりはじめると、やっぱり生き方を変えざるをえない。と言ってここから一般的道徳を導き出す気はありません。異性の遍歴を魂のこととして受けとめて苦悩しつつ成長する人もありますので。

いま女性が男性の夢をみられた話をしましたが、男女ともに異性というのは大事ですから、男にとって女性が魂であるように、女の人にとっても男は魂であるかという問題が出てきます。

「アニマ・アニムス」の問題

ユングという人は、女性にとっては魂のイメージは男性として出てくるといい、それをラテン語の「アニマ」(魂)という言葉の男性形の「アニムス」という言葉であらわしています。ユングは哲学者でも宗教家でもなくて、私と同じように心理療法をしている人だったわけです。いろいろな人が相談に来られても、普通の常識的な話し合いだけでは答えが出てこない。だからもっと心の深いところを知ろうとして、夢を引き出すわけです。夢には本人があまり意識していないけれども、その人の非常に深いことが出てくる。先ほど私が言いました例がそうです。自分はボーイフレンドをたくさんもって楽しくやっていると思うんだけれども、夢のほうは、あなたはすごいじいさんを相手にしているんですよ、ということをいってくれるわけです。そういう深い真実を語るものとしての夢ということをユングは大事にしました。もちろん自分の夢を大事にしてそれを記録して考えるし、クライエントの人の夢も聞いて記録した。

そうすると、男の人にとっては夢の中に出てくる女性のイメージが非常に大事であり、そういう女性のイメージは、これを魂のイメージであると考えたら話が非常に合うというふうに考えた。

それと同じように、女の方たちのみる夢の中に出てくる男性をみると、異性との関係というものは、女の人にとって魂との関係といえるのではないかと考えたユングは、「アニマ」と「アニムス」ということを言い出して、それを非常に大事にしました。

ところが、どうも話はそう簡単にいかない。男の人の夢の分析をしていると、確かにアニマ像が相当はっきり出てきて、この女性像こそその人の魂を表わしていると考えていけるのだけれども、女の人の場合にはいろんな男が出てくるし、これがアニムス像だという明確なものが見えない、とユングは書いている。自分のアニムスということについて非常に明確に話ができる女性はほとんどいない、あるいはいなかった、と書いているんです。そのことはあとで非常に問題になってきます。また女性の方たちが自分で考えてみて、どうもぴったりこないじゃないかということを言い始めた。

皆さんも自分でいろいろ考えてもらったらわかると思うんですが……。

どこまでみんな賛成されるかわかりませんが、ついでに言っておきますと、ユングはこんなことも言っています。男性にとって心の中のアニマイメージはどうも一人だという気がする。これぞ永遠の女性といいますか、自分の心の中で、この人が私の永遠の女性だというような一人の異性。ところが女の方が自分の心の中の男性像を考えると一人にならない。これもこれもと沢山ある、あるいはひとつの集団の場合もある。

その次が面白いんですが、そういうふうに心の中はそうなるので、それを補償するような形で外的現実においては、男性はたくさんの女性を好きになり、そして女性は一人の男を好きになる、というのです。どう思われますか。次のようなことを言う人もいますね。女の人に、「あなたは誰が好きでしたか」ときくと、「何のなにがしさん、あの人が好きです」と、はっきり一人の男性の名前を言えて、その人のためであれば命を捨てようというぐらいに思い込んでいる。

ところが男のほうは、「あなたは誰を愛しましたか」ときくと、「女を愛しました」という言い方をする。つまり何のなにがしというのではなくて、女の代表としてのたくさんの女の人たちが好き。ところが心の中では逆になっているのだということをユングは言っているんです。これは賛成する人と反対する人と、ユングは男だからずるいことを言っていると言う人もいます。私は賛否の判断を差し控えたいと思います。わかりません。そんな簡単に割り切って言わないほうがいいんじゃないか、と私は思います。

なぜそう思っているかというと、ここからまたちょっと話が変わってきますが、次にこういう問題が出てきます。魂というのは、ほんとうはわけがわからないわけです。心でさえ何かわからないのに、魂となると、ほんとうにわからない。だからユングも、男性にとって女性が魂だなどと言ってないんです。厳密にいうと、魂のイメージだ、と言っている。魂そのものはわからないけれども、それをイメージとして表現したら女の人になる、という言い方をしている。だから男性も女性も誰もみんな魂というものをもっているのだけれども、魂そのものはほんとうは誰にもわからない。魂そのものが、わかったというふうにいわれる人がいたら、大体どこかの病院に行ってもらわねばならないのじゃないでしょうか。ただし、魂そのものはわからないけれども、私の魂を具現しているイメージというのは、これはわかる。

そのときにユングは、男の人にとって魂のイメージは女性像だということを言いましたが、私はこのごろこう思っているんです。魂そのものは、男で表わされるとか、女で表わされるとか、そんな単純なものではない。ところが私が男であるということは、面白い言い方をすると、私の可能性がものすごくたくさんあるなかで、一応男といわれるように生きたほうがいいわけですね。あんまりなよなよ、ぐにゃぐにゃしていると評判が悪いので、無理して男らしく涙を捨てたりして頑張っている。ということは、私は私を男としてつくってきているわけです。それをユングはペルソナという。ペルソナというのは仮面と言ってもよいでしょう。

だから私はみんなが言っているような男らしいペルソナをつくってきている。私の魂は私にとっての不可解な、わけのわからないものですが、その魂ともういっぺん結合することによって私の存在全体を回復したいと願うのだったら、それは女性の姿で出てくるのがいちばんわかりやすいのではないか。なぜかというと、実際に男と女が結合して結婚し、子供が生まれます。これはすごいことですから、私が男としてのペルソナをつくればつくるほど、私の魂は女性の姿をとって出てくるほうがぴったりくるのではないか。

ヨーロッパと日本の違い

ところが次に生ずる問題はこういうことです。日本はちょっとおいておきまして、ヨーロッパの例を考えますと、ヨーロッパの文化そのものがすごく男性優位の文化です。レディーファーストというけれども、あれは女の人が弱いから大事にしているのであって、強いのは男だと思っている。その男性優位ということが単に現実に生きている男と女というだけでなく、考え方としての男性――つまり、心と体を分けるとか、天と地を分けるとか、善と悪を分けるとか、そのようにばっちり物事を分けて、明確に判断して、明確な考え方で生きていこうという考え方――が非常に強い文化です。だからヨーロッパの文化は男性性というものを非常に評価する。

たとえば西部劇を考えてもらうとわかりやすいのですが、物語の中でいいやつと悪いやつが正面からぶつかって戦いますね。ピストルを打つにしろ、殴り合いにしろ、必ずそういうのがあって、正しいやつは必ず勝つ。そういう正面からぶつかる戦いなんです。そしてその戦いの中で正しいものは結局勝ちますという、非常にわかりやすい形の話が西洋には多い。それはどういうことかというと、そういう男性的な自我というものをつくって、物事をはっきり明確に分けて、なるべく正しく、なるべく強くというふうにどんどん頑張って生きていかなくちゃならないというのが欧米の考え方です。だから話にもそれが出てくる。

ところが、私が先ほど言いましたように、日本の物語を読むと、特に平安時代の物語を読むと、そういうことがないんです。そこが非常に日本の面白いところですね。これは私がよく言う例なんですが、『落窪物語《おちくぼものがたり》』というのがあります。皆さん、読んで下さい。このごろは何でも現代語訳があるので、それですごく助かります。

これは継母《ままはは》と継子の話です。継母に綺麗《きれい》な娘がすごくいじめられて苦労しているんですが、そこに素晴らしい男性が現れて恋愛関係になる。男性が訪ねてくるのを継母が知るわけです。それでお母さんがものすごく怒って、娘を物置に閉じ込めて、男が来ても会えないようにしただけでなくて、継母の親類筋の六十のおじいさん（典薬助《てんやくのすけ》とかいう名前の）に「あの娘をおまえの好きなようにしてよろしい」というわけです。そのじいさんはものすごく喜んで、物置に夜中に忍び込もうとする。映画などでそういうシーンというのはよくあるでしょう。綺麗な女性を変なじいさんが凌辱《りょうじょく》しようとするときに、若くてハンサムな男性が出てきて、ポカーンとじいさんをやっつける。音楽が鳴って、男はさっそうと帰っていく。西部劇などではこうなるんですが、日本の物語は全然そういう解決策をとらない。

どんな解決策になるかわかりますか。じいさんが必死になって戸を開けようとするんですが、中から突っ張り棒をかけたりしてバリケードを築いているから開かない。じいさんが夜じゅう開けようと思って必死にやっていたら、だんだん腹が冷えて下痢してくる。「ピチピチと音がして」とか、ものすごく詳しく書いてあります（笑）。そしてじいさんは袴《はかま》を汚してしまって、衣類を洗っているうちにしらじらと夜が明けてきた――そういう話になるんです。

世界中にこんな話ないんじゃないでしょうか。つまり、悪いやつのところへそれより強いのが来て悪いやつが懲《こ》らしめられるという話ではないんです。何が素晴らしいかといったら、自然現象です（笑）。やっぱり冬は冷えるということですね、それだけの話なんですが、それが物事を解決しているわけです。そういう考え方で物事を見ていこうとする。この場合の、自然というのは何でしょう。例えばこれはやっぱり魂の動きをあらわしていると考えたら、ものすごく面白いと思いませんか。その汚いじいさんが自分の下着を一晩中洗わねばならなかったなんていうと、ものすごく話が合いますね。そう思うと、その女性にとって、女性を救う魂の動きは男性ではなくて自然現象、冷え込みというやつなんです。

それで私の言いたいのはどういうことかというと、男性優位の、物事をはっきりさせて、力で頑張っていこうというのではない考え方を日本人はもっているけれども、西洋のほうは男性優位できましたから、女性の自我も非常に男性性を身につけてきた。つまり西洋の女の人たちはどうしても自分が一人前に生きるためには男性的な自我をもたなければならないということになります。そしてそれをもとうと思えばある程度もてるんですね。

西欧の女性にとっての大きな問題は、自分が女性であるということと、それにもかかわらず男性的なものを身につけないと一人前になれないというところがあって、非常にむずかしくなってくる。だから自分の魂のイメージを単純に男の姿でみつけだすなんていう格好にならないのではないか。女性にとって自分の魂のイメージというものはそう単純にはいかないのではないかと私は思っています。ひょっとして、女性にとっても魂のイメージは女性で出てくることがあってもいいのではないか、と私は思います。

そんなわけですから、いまのお話を聞いておられて、皆さんちょっと混乱してくると思うんですが、私は男性、女性と分けていますけれども、それは考え方として分けているのであって、実際、自分がどう生きるのかということになると、私という男性がいわゆる男性的ではなく女性的に生きる力をもすごくもっていることになります。だから女の方もいわゆる男性的に生きる可能性ももっているということになります。だからその中のどれをどう生きるのかということはなかなかむずかしい問題になります。

『とりかへばや物語』

そしてそのように生きることはみんなが思うよりもはるかに可能なんだ、ということを書いたのが『とりかへばや』という物語だと思うんです。私は『とりかへばや、男と女』という本を書きましたが、これは日本にある『とりかへばや物語』という物語について分析した本です。これも皆さんぜひ読んでほしいと思いますが、ほんとうに面白い物語です。

どう面白いかというと、一応姉弟にしておきますが（兄と妹という人もあります）、姉さんは小さいときから男の遊びが好きで、そこらを走り回っている。弟のほうは几《き》帳《ちょう》の陰に隠れたり、貝遊びをしたりして、その当時の女性的な生き方。だからお父さんも仕方ないので、姉さんのほうは男として育てて、弟のほうは女として育てた。そうすると、もともと女ですが男として育った人は宮中に召されて、どんどん出世して、大将にまでなってしまう。しかもそれだけならいいんですが、結婚までする。それを結婚させるときに、お父さんはずいぶん迷うんですが、お母さんのほうがしっかりしてまして、「そんなものどうでもええわ」というわけで結婚させるんです。結婚して、しかも子供までできるんです。どうしてだかわかりますか。それは誰か男がいたということですが、ともかく結婚までする。また弟のほうは女性として生きますから、ちゃんと女官として宮中に勤める。そういう非常に不思議な物語です。そして結果的にどうなるかというと、女性は大将になっていくし、片方の男性は女官になっていく。そしてある時点で二人は役を交換して、めでたしめでたしになっていく話なんです。

そういうふうに、まさにとりかえができる話なんですが、私はこれを読んでいて思ったのは、作者はおそらく女性ではないかということです。つまり、女の人がこれを書いて、それみろ、男の人たちはいろいろやっているけれども、こんなの女だってできるんだ。女だって大将も中将もできる、と。実際そうですね。このころはそんなに戦争がないですから、大将も中将も和歌を作っている。そのように、男どものやるようなことは女ができるし、そして女のすることを案外男もできるのではないか、ということが非常にうまく書いてある。

そしてその中で私が非常に面白いと思ったのは、男女入れ替わっていますから、たとえば女の人が男になっていますけれども、ものすごく綺麗で、非常に美男子だから、男性でも心を魅《ひ》かれる。なんとなく同性愛的な感情が芽生えているんだけれども、ほんとうは男女なんです。そういう関係になったり、あるいは今度は逆に女の人が男になっているわけですから、その美男子を好きになった女性が近づいていく場合は、男女の関係のようでありながら、これは同性愛になっている。そういう倒錯した形の姿が書かれるんですが、非常にうまく、綺麗に書いてある。そこに一種の素晴らしい、美的な描写が出てきます。

この『とりかへばや物語』では、男性と女性が入れ替わりますからいろいろ変なことがよく起こる。女性だと思って近づいて、ようみたら髭《ひげ》が生えていたりするので、ひところは日本の国文学者の人は、これは非常に変態的な話である、と考えていたようです。ある時『とりかへばや』を研究しておられた桑原博史《ひろし》先生と対談したことがあります。桑原先生は、自分が『とりかへばや』を研究するというと、それだけで変態的だと思われたというぐらい、国文学の世界では嫌がられていた本なんだと言っておられました。

私はそうとは思わなくて、この『とりかへばや』という物語は、男と女は思うよりもはるかに交換可能であるということと、もうひとつは、男と女が愛し合うということだけが美しいとは限らない、男と男の愛とか、女と女の愛という関係にもすごい美しさがあるということを言おうとしたのではないか、と考えます。

要するに、男と女を明瞭《めいりょう》に分けて、男はどうする、女はどうする、男と女が愛し合うというのは非常にわかりやすいことですが、それからちょっと次元が変わってきて、見かけは男でも実は女かもわからない、女も男かもわからないという関係が出てくると、だんだんおかしくなってくる。そしてその時に、それはどうもグロテスクだとか、嫌らしいとかいう見方と、それだからこそすごく美しい世界が生ずるというのと、両方あると思います。

実は『とりかへばや』の話を私はスイスでしまして、そのときに『とりかへばや』のひとつの非常に大きなポイントは、ビューティ、美ということではないか。日本人は美ということを非常に深めていこうとした場合、常識的な男女のあり方を壊して、もっと深いところを見ようとして、こういう美的なシーンを演出しようとしたのではないか、という話をしました。

そうしますと、聴衆のなかの一人の外国の分析家の方があとで私のところに来られて、「おまえが話をした今日のビューティはソウルのビューティ、つまり魂の美である」というんです。普通の美ではない、魂の美である。魂の美というのは、ちょっと揺れるといっぺんに醜くなる。そうでしょう。同性愛のほうが異性愛よりきれいとは簡単にいえないところがありますね。しかし考えてみたら、日本の文学のいろんな表現のなかでは、男性が女性役をしたり、女性が男性役をしたりしますね。そういうなかでみんななんともいえない不思議な美を感じるところがある。それはどこかで美しさというものの次元がちょっと変わっているわけです。魂は男と女というような通常の分類を超えた次元にかかわるのです。

というと、皆さんわかって下さると思いますが、また思春期のことに帰ってきたわけです。思春期のときに、魂が動きだして、他の人の魂と接触しだすと、常識的な分類は超えてくるわけです。そうすると、そこには同性愛的なことが起こったり、「うわっ、嫌らしい」と言いたくなるようなことがいろいろ起こるのだけれども、それは嫌らしいとばかりも言っておられない。ひょっとしたら、そこには魂というものが深く関連しているかもしれない。

間違わないように聞いてほしいのですが、そういう変なことをやっている人ほど魂のことがわかっている、と私は言っているのではないのです。そういう人は魂に揺り動かされているのであって、ある意味でいうと、被害者といえるかもしれない。しかし揺り動かされている場合には、どうしてもわれわれの常識を超えたことが起きる。そのときにわれわれがそういう人にお会いして、この変な人とか、この嫌な人とかいうのではなくて、私は何ができるのか、そういう人に会っている私の魂はどうなっているのか、考えたいと思うのです。

つまり、常識的な世界の立場に立って、こいつら駄目だとか、馬鹿《ばか》だとかいうのは誰でもできるんです。「あんな嫌らしい女はない」とか、「あんな女たらし」とか、それはみんな常識で言えるわけであって、常識でものを言うとしたら、私は専門家ではないと思います。われわれがそういう人たちに会う専門家であるということは、常識的なレベルでないところがみられるからですね。われわれが常識を超えようとする限り、われわれは魂のあり方について自分なりに考えねばならない。そのときに、性ということがすごい重みをもって出てきます。そしてこれはほんとうにむずかしいということがわかると思います。

物語の重要さ

そういうなかで、たとえば私がこの『とりかへばや物語』に注目するということは、そういうことを考えていくのに非常によいきっかけになると思うんです。ある意味では、心理学の教科書を読むよりも、この『とりかへばや』という物語を読んでいるほうがよほど意味があるように思います。そして読みながら、それこそ自分の魂のあり方と照らし合わせて読んでいると、ははあ、こんなこともあるのかとか、思いがけぬ発見もでてきます。

そしてその物語のなかで、例えば色好みの男性についてそういう男性の魂は一体どうなっているのだろうか、というようなことを思って読んでみますと非常に面白い。

私は物語というものはそういうものじゃないかなと思います。

つまり、ここにあるこのコップを科学的に述べるという場合は、それをディスクリプション、記述するといいます。私がこれを、たとえば上の直径何センチ、質はガラスでできているとか、そういうことを言うと、皆さんにそのまま伝わります。正確にいえばいうほど皆さんに正確に伝わっていきます。そのときには、私がしようとしていることはどういうことかというと、このコップというものの事実をそのまま皆さんに伝えたいということですね。そのときには、私がいかにこれを記述するかということが大事なんです。

ところがこのコップについて客観的にこういうものだというだけでなく、ここにコップがあるということは私の魂との関係で一体どうなっているのだろうかという問題になってくると、話は全く変わってくる。そのときに、たとえば「私が今日ここで皆さんにお見せしているコップは、実は今日私が神戸へ来るというので、私の教え子でコップを作っている人がここにわざわざ持ってきてくれたものです」というと、いっぺんに私とこのコップとの関係ができてくる。私とコップの関係ができるだけでなく、そうなのかと感心して皆さんが見られると、コップと皆さんとの関係ができる。しかももっと面白いのは、私の教え子を見ていないのに、その教え子と皆さんとの関係までてくる、どんな人だろうとか、そんな教え子があったのかとかいうふうに。つまり、皆さんの心がすごく動き始める。それが物語なんです。だから物語というものはつなぐ力をもっている。私とコップをつなぎ、私と皆さんをつなぎ、皆さんの見ておられない私の教え子ともつなぐ。

なかには物語の嫌いな人がいて、「とりかへばや？　そんな馬鹿なこと言うな。男と女、そんなの替われるか。すぐバレるじゃないか」という場合、それは男と女のディスクリプションがうまくできていない、つまりそんな記述があるかということを言っているんですね。しかし、そうではなくて、男と女ということを物語るとすると、どうなるか。私が男であり、女の人がおられるということを考えて、その関係をどう表現するのか。あるいは私の意識的にいま考えている常識と、私の魂との関係をどう見るかという場合には、これはもう物語るより仕方ないわけです。大体からして、私の今日の話がもう物語なのです。

そしてまた面白いことに、物語というのは人と人との関係の中で語るほうがやりやすいんですね。今日お話したことを文章に書くのはすごくむずかしいと思います。やっぱり私が生身で出てきて、生身でおられる皆さんにしゃべっているから、こういうことができたんですね。しかし素晴らしい物語というものは字で書いてあるけれども、われわれにそれを可能にするし、そしてまた皆さんが物語を読むときには、そういうつもりで読まなきゃいかんです。初めから記述的に読むと馬鹿くさくて読んでられないですね。そうじゃなくて、魂のことを書いているんだと思えば、物語はすごく読みやすい。

そんな意味で、今日は物語の話をちょっとしかしませんでしたが、『とりかへばや』とか、『源氏物語』もそうですけれども、日本の中世の物語を私は非常に面白いと思っています。というのは、やはりあの時代には、われわれ現代人ほど自然科学的な考え方でぱっと物事を割り切って、切断して考える考え方をしていませんからね。みんなつながって生きているわけですから、そういうつながりのなかから自然に生まれてきたものを書いていますので、すごく意味の深いものが出てきているのではないか。そういう意味で、物語というものが、われわれが忘れかかっている魂のことを語っているのです。思春期の性を考える上で、皆さんも思春期における身体的変化などについてよく知るだけではなく、今日あげましたような物語も大切なものとして読んでいただきたいと思います。

第五章　アイデンティティの深化

深層心理学の仕事

きょうは、「アイデンティティの深化」という題でお話をしたいと思います。

この創造的市民大学で、私は「心理学」ということになっております。それで、はじめにちょっとおことわりしておきたいのは、心理学といいますと、人間の心を研究する学問ということになっておりますが、その研究方法、あるいは考え方というものが実はそう簡単ではありません。

皆さん方は、心理学といいますと、私のようにノイローゼの人を治療したり、それから人間の心のあり方について考えたりする人間が心理学者だと思っておられるかもしれませんが、実際は私のような心理学者で大学で教えている者はむしろ少数です。大学で心理学を研究しておられる先生方というのは、明確な言い方をしますと、客観科学として人間の心の問題を研究する。客観科学というのはある事柄を客観的な対象として研究する。たとえば、ここにこういうガラス製品があるとしますと、これを客観的な対象として、これを見てどういう形をしているのか、あるいはつぶしてみてどのくらいの強さをもっているのか、というふうに研究をすすめています。それは、これを見るなり、感じがいいなとか、だれそれにあげたら喜ぶだろうというふうに、自分にすぐ関係づけて考えるのとずいぶんちがいますね。

客観科学としての心理学というのは、前者、つまり人間の心というものをいちおう突き放して、客観的に研究していこうというのですが、実際は人間がどんなふうなことを感じたのかとか、どんなふうなことを考えているのだろうというようなことは考えだしたら難しい。

ですから心理学というけれども、実際は、人間は何か感じたりする前にいろいろ見るのですから、まず人間の見る力というものは、いったいどのくらいあるのだろうとか、人間はどのくらい物事を記憶し、どのくらい忘れるのだろうといった、ある程度は客観的に計測できる問題にしぼって研究していこうという行き方をするわけです。そしてこれまでは、そういう考え方がむしろ心理学の主流を占めていたといえると思います。

私は、そういう方法ではないほうに属しております。私のような考え方をする心理学にも、いろんな派があるのですけれども、これを総称して深層心理学とよんでおります。

こういう深層心理学などということを考えるところがわれわれの特徴でして、客観的な考え方をする人でしたら、「深層」なんていえない。深層とか浅層とかいっても、いったい心のどのへんからを深いというのか、何センチくらいからかなどということはもちろん私たちはやりません。そういう何センチとか何メートルとかということをやめて、ともかく深いところをやりましょうと、いいかげんなところから出発するのがわれわれのやり方なのです。

だから、私がきょうお話をすることは、心理学全体の話をしているというふうに決して思わないようにしてください。むしろ心理学のなかでは一つの部分のことです。しかし、皆さんが実際に生きていかれる上においてはいろいろ意味をもつといいますか、有用なことが出てくるだろうと思います。

いま深層心理学というふうな言い方をしましたが、われわれがやっておりますような心理学は、さきほどもいいましたが、どのようにして人間というものを客観的に研究するかとか、どういうふうな方法でやれば人間のことが厳密に研究できるかということをやるというより、人間の治療といいますか、ノイローゼの人、あるいはけんかする人、憎しみ合う人はどうすればよくなっていくだろうかという、非常に実際的なところから出発した心理学なのです。

ノイローゼといっても非常にいろんなのがありますけれども、日本の人がよくなるノイローゼに、たとえば対人恐怖症というのがあります。こういう所へ出てこられても、なにか人に会うといやだから、なるべく隅の暗い所へ座るとか、あるいはそもそもこういう所へ出てこられない。しかも大事なことは、そういう人は頭の中では人間はなにも怖くないということはご存じなんですね。それはわかっているのだけれども、ともかく怖い、どうにもならない。だから非常に気の毒なのです。そういうノイローゼをなんとか治してください、といってわれわれのところに来られる。それをなんとか治さなければなりません。

そのときにわれわれとして非常に大事なことは、その人がどんなふうに苦しんでおられるのか、どんなふうにその問題を克服しようとしておられるのかということをいっしょに考え、いっしょに悩んでいくということです。その人を、さきほどいいましたような、客観的に突き放して観察する、研究するというのではなくて、怖くて外へ出られないという人がおられたら、外へ出られないというつらさを「共感」しながら聴いていく、私どもも共にという姿勢です。

そんなふうにして、そういう人と話し合っているうちにわかってきたことは、これは外へ出られない人を出るようにしてあげるとか、あるいはこのごろよくあるように、不登校の人を学校へ行けるようにしてあげるとかいうふうな単純な問題ではなくて、そこにはいかに生きるかということが入ってくる。つまり学校へ行けない人は、ほんとうは行けないということについて、行けないだけのその人にとっての意味があるわけで、それはどういうことなのだろうかということを考えているうちに、その人の考え方、人生観、世界観、そういうふうなことがだんだん問題になってくるわけです。

このようにわれわれの心理学は、はじめはノイローゼの人を治療するという非常に現実的なことからでてきながら、結局は生きるということはどういうことなのか、あるいは生き方としてどういうことがあるのだろうか、という人間の根本問題にだんだん近寄らざるをえなくなる。何らかの意味で人間の人生全般について考えねばならなくなってくる。そのなかで、きょう申し上げますアイデンティティということが、非常にだいじなことばとしてでてきたわけです。

アイデンティティとは

アイデンティティという英語は、日本語で「同一性」というふうに訳されている場合が多いと思います。なかには「主体性」などと訳す方もおられますが、最近では「アイデンティティ」のままよく使われておりますので、皆さんも聞かれたことがあると思います。

このアイデンティティということばは昔からあったのですが、われわれがいま使っていますような意味で非常に大切だということをいいだしたのは、アメリカの心理学者のエリクソンという人です。エリクソンという人は精神分析の治療をしている人でして、フロイトのもとでいろいろ勉強したりした人です。

このエリクソンのいいましたアイデンティティということばが、アメリカで非常にはやりまして、日本でもみんな使っているんですが、実はこのことばは考えだすとわからなくなるのですね。

お互いに話をしているとわかっているような気がするんだけれども、ちょっとわからないところがある。とうとう誰かがエリクソンに、これは一言にしていうとどういうことですかと訊《き》くと、エリクソンは苦笑いをしながら、いや実は自分もはっきりわからないんだと言った(笑)、というジョークみたいな話がありますが、このアイデンティティというのはいったいどういうことかといいますと、非常に簡単にいってしまえば、「私は私である」ということです。

私は私であって、私以外の何ものでもない。しかし単にそれだけでなくて、私は私であって、私以外の何ものでもないということを、私がちゃんと感じ、私がそれを自分の心にはっきりとおさめることができる。主体的にちゃんと自分のものにできているかどうか、というふうにいっていいと思います。

「私は私である」なんていうと非常に簡単なことでして、私はまさか他人であるはずはありませんし、そんな馬鹿《ばか》なことはないようですが、よくよく考えだすと困るんですね。

たとえば誰かからまじめな顔をして、「河合さん、あんたはいったい何者ですか?」という問いを発せられたとします。これがふつうの会話だったらいいのですけれども、たとえば禅のお坊さんから「おまえは何ものか?」と言われたときに、「私は河合でございます」と言ったら、おそらく「喝ッ」とやられるのにきまっていますね。それで、こんどは「大学教授です」と言ったら、これも「喝ッ」とやられるでしょう。――どうも禅の坊さんというのは、カツ、カツのカツばかりで、いつ負けるのかと思うんですが――実際のところ、「私は大学教授です」と言っても、そんなものは話にならんのです。というのは、いずれ定年になりますね。それで大学を辞めたら私は私でなくなるか。そんなことはない。

あるいは、今は「河合でございます」なんて言っていますけれども、ひょっとしたら養子に行くかもわかりません。それに河合だと言うけれども、河合という人はいっぱいいるではないか。「河合隼雄」、これなら少ないだろうと喜んでも、探すとどこかに同姓同名の人がおいでかもしれません。

そんなふうに、おまえはおまえだということを何で証明するのかということをやっていきますと、だんだん心細くなってくる。

はじめのうちはいろいろいってますけれども、ラッキョの皮みたいなもので、だんだんむいていって、最後に何もないのがおまえかといわれたら、非常に困るわけです。そういうふうに考えていくと、私は私なんです、ということを単に人に言えるだけではなく、自分が自分に対してそう言える。自分で納得がいくというのはこれは大変なことです。

つまり、ここでいっているアイデンティティ——同一性の問題というのは、私はいつも同一なんだ、おとついの私も私だし、きのうの私も私だ、今の私も私で、あしたの私も私だ、というふうに、ずっと私というものがほかのだれでもない私として生きつづけていると確かにいえるかという、そういう問題なんですね。

エリクソンが、一言にしていえばアイデンティティとはどういうことなんだ、と訊かれたときに、簡単にはいえない、と言ったのは、単に冗談めかして言ったのではない。われわれのやっているような心理学といいますか、あるいは人間はいかに生きるかといった問題に関係してくるかぎり、非常に大事なことばというものは、一言にしていえないということが多いからではないか。一言でいえるようなことだったら、あまり大事だということにならない、すぐわかってしまうんですね。

そういうことからいえば、アイデンティティということばのように、そのことを訊かれてだんだん大事な気がしてきて、そうだ、アイデンティティを確立しなくてはならないと思って、考えだしたら考えるほどわからなくなるといったことばがいいことばなんですね。

なぜかというと、それをめぐってわれわれは格闘しなくてはならない。何度も何度も考え直さなくてはならないからです。

たとえば人生において、何が大切ですか、金です、というように端的にポッとわかるものではなくて、もう一つわかりにくい、わかったようでわかりにくいことばの方が、みんなをひきつけ、みんなを考えのなかに追い込んでいくのではないかと思います。私はアイデンティティというものは、そういうものの一つだと思っています。

つまり、アイデンティティというのは、みんなが普通の客観的な科学で使う概念というものではない。あることについて、できるだけかっちりと概念を決めてことばで定義し、それを使って論理的に一つの学問を構築するというのはわかりやすいのですけれども、われわれのようなこういう深層心理学をやっているものは、そういう概念として把握できない、いくらつかんでも何か残るという、そういう不思議なことばを発明して、そしてそれを使いながらみんないっしょに考えていく、そういうことをやっているわけです。

そういう点でもアイデンティティというものはいわゆる客観科学における概念とはちがってしまうし、またそういうものを使うということで客観的な科学の好きな人からは批判されるのですけれども、私は逆手にとりまして、そういうことばを使うことによって、われわれは自分の人生をより深く考えられるのではないかといっているわけです。

西洋人の自我と日本人の自我

ところで、これは非常に大事なことなんですが、エリクソンはアイデンティティというときに、単にアイデンティティというのではなくて、その上に英語でいいますとエゴをつけまして、エゴ・アイデンティティということばを使うことがあります。日本語に訳しますとエゴは「自我」ということですから、「自我同一性」と訳されていることが多いのですが、ここに非常に大きい問題が起こってきます。

それは、この「自我」というものが、なかなかくせ者でして、わかったようで実はわからない。それからもう一つ大きい問題は、われわれ日本人が考えている自我と西洋人が思っている自我とはどうもちがうらしいということです。

エリクソンが、エゴ・アイデンティティということをいいだした背景には、きょうそこまで申し上げられるかどうかわかりませんが、結局、ユダヤ、キリスト教という宗教的背景が全体に流れているように思います。すると、ユダヤ、キリスト教とはずいぶんとちがう考え方でこの世に生きてきたわれわれ日本人の思っている自我とでは、そう簡単に重なりあわないのではないかと、僕は思っているわけです。

非常に簡単な例をあげますと、自我というのは、いってみれば「私」ということですが、「私」というのはずいぶんくせ者です。「私」なんていうと誰しもわかりきったことだと思うんですけれども、私は、「私」というのは非常に恐ろしいことだと思っているんです。

たとえば、アメリカあるいはヨーロッパへ行ってすぐに気のつくことは、彼らにとって「私」というものは非常に堅固といいますか、かっちりしたものであって、非常にだいじなよりどころになっているということです。

これはどういうことかというと、たとえば話をしていても、あちらではすぐにおまえの意見はどうかということをパッと訊かれる。すると日本人の場合、何かしらんけれども、反射的に「アイ・ドント・ノウ」と言う人がものすごく多いのです。それでむこうの人はびっくりする。

私がアメリカへ行っていたときに、たしかアイゼンハワーが日本へ来られないという事件があったと思うんですが、そのときに彼らは「アイゼンハワーはなぜ日本へ行けないのか」と、日本人に意見を聞きたがりました。そうしたら、日本人はみんなびっくりして「アイ・ドント・ノウ」と言うわけです。相手はけげんな顔をして、「おまえは日本人だろう。日本人としていったいどう考えているんだ」と追及してくる。それでも「いや、まあいろいろ」とか、「メイビー……」とか、「たぶん」といった非常にあいまいなことばはたくさん出てくるんだけれども、「私はこう思う」、ということがなかなか出てこない。これは私もそういうことを訊かれてハッと気がついたんです。

ただし、私はそういうことを知っていましたから、アメリカ人に馬鹿にされないように頑張らなくてはと思って、心を奮い起こしてものを言ってきたんです。それでもやはりなんとなく心配になってきて、「アイ」と言えないで、ともすれば「ウイ」つまり「われわれ」と言いたくなって弱ったことがあります。

どこかの犯人ではないですけれど、日本人はすぐ「わしら」とか（笑）、一人だのに「私ら」とか「ぼくら」とか、自分のことをいうときでも「ら」をつけたがるでしょう。アイという一人の人間として意見を主張するのを何となく怖がっているし、恐れているところがある。「私はこうです」と言うのが非常に難しい。「ご意見は」と聞かれたら「みなさん、こうお考えではないでしょうか」などと、何もみんなのことを訊いてやしないのにそういう言い方をする。この場合「私」とは言っていても、その「私」には外のことが相当に入り込んでいるわけです。

それに対して西洋人の「私」というのは、非常にかっちりと確立した「私」です。これを西洋人は「自我」とよんでいるわけですね。

つまり、西洋人にとってエゴ・アイデンティティというのはどういうことかというと、「私」というものはこういうものなんだ、私はこうで、私の意見はこうである。また私の考えは、誰それとはどうちがうということを明らかにする、それがエゴ・アイデンティティなんですね。

私は実はこのことに非常に関心がありまして、いろいろと本にも書いているんですけれども、そういうことから西洋人のいう自我と、日本人の「私」はちがうのではないかと考えているわけです。

日本人は「私」といっていても知らん間に「私ら」になっている。何かほかのものが入り込んできている。これはそういうふうに小さいときからつくりあげられてきているのではないか。そしてそういうことができなかったら、日本人としては非常に住みにくいし生きにくい。

日本では何か訊かれたときに、「はい。私の意見は」などとどんどん言っていると、あいつは生意気だとか言われますね。だから自分の意見があってもなかなか言わなくて、あとまで待ってみたり、皆さんそうお考えだと思いますとか言って、みんなうまくやり合いながら生きているわけです。

そういうことで、エリクソンが、エゴ・アイデンティティということばでいっていることは、日本人にはちょっと通用しにくいところがある。そこに大きな問題があるとまず思います。

そうかといって、日本人とアメリカ人はまったくちがうのかというと、そんなことはない。まったくちがわない証拠に、われわれでも頑張れば彼らと話ができますし、欧米の方でも日本のことも相当わかって話し合える人がある。ということは、むちゃくちゃにちがっているわけではないわけで、大まかなところでアイデンティティということを見ているかぎりは、日本人とアメリカ人は、かなり通用するところがあります。

自我同一性の確立と断念する力

その大まかなところで通用する範囲内でアイデンティティについて、エリクソンがいいましたことをもうちょっと考えてみますと、結局、私が生きております社会で、私という人間がちゃんと社会の中にはいり込むことができるか、具体的には、たとえば職業は何かというと、大学の教師だ。家庭は、家内と子どもが何人いる。市民税はちゃんと払っているというようなことで社会のシステムの中にちゃんとはまる。あるいは、はまることができるということができてきます。

このちゃんとはまるという場合、非常に難しいことがあります。どういうふうに難しいことかというと、たとえば、あなた大工さんをやりますかといわれても、手先が不器用でしたら、やっても物の役に立ちませんね。つまり、大工さんという職業を介して社会にはまることができない。逆に、大工さんをやれる能力があっても、それはやりたくない、それでは自分は生かされないということもあるわけです。つまり個人としての私を生かすということと、社会の中にはまり込むということの二つがうまく折り合いがつかないとアイデンティティは確立しない。

たとえば、大学生で卒業せずに長いあいだ大学におられる人がよくいますけれども、そういう人に、「きみ、何やるんや」というと、「いや、心理学もやりたいけれども、心理学だけではやっぱりだめだと思うし、少し生理学の勉強もしている」。その後「どうなんや」というと、「いや、やっぱり経済も少しは知らなくちゃ」とかいう。すごく勉強しているような、あまりしていないような、ある話をするとすごく才能があるようだけれども、何か大事なときにおらなくなったりとか、そういう人がいるわけです。

御当人は非常に楽しくやっているみたいだけれども、これは社会の方から、あるいは両親からするとどうも困ったもので、——日本語で「身を固める」といいますね——もうちょっと身を固めてくれないだろうかと、心配されたりしている。といって、身を固めさえすればいいのかというと、そうばかりでもない。早いとこ固めすぎて、あとどうもつぶしがきかなくなるという人もおられる（笑）。

これはわかりますね。自分の方をおろそかにしすぎて社会の型に早くはまった人は、あとで困っていますし、それから自分の方を大事にしすぎた人は、なかなか社会にはまっていかない。

エリクソンにいわせると、こういう二つの面をうまくやってちゃんとできたひと、これがエゴ・アイデンティティの確立した人です。

そしてそういう意味のエゴ・アイデンティティというのは、つまり「おとな」になるときに確立する。エリクソンの言い方を逆にいいますと、エゴ・アイデンティティをちゃんと確立するということが「おとなになる」ということではないだろうか。

だからエゴ・アイデンティティの確立している人というのはどういう人かというと、ちゃんとした職業をもって社会のために役に立っているし、家族もちゃんと養っているし、そして社会的な事柄とかいろんなことに対して、やはりそれなりの自分の意見をもっている。たとえば選挙のときにだれに投票していいかわからないというのではなくて、自分はこの人がいいとか、この党がいいと私は思うという判断力を身につけている人。あるいは何かで話し合いがあったときには自分の意見を言い、決まったことには自分の意見の如何《いかん》にかかわらず、それに従って責任をとる人だとか、そういうことになります。

そしてここで非常に大事なことは、自分はこれで自分のアイデンティティを確立しましょうということで、たとえば大学へいって研究者としての道をすすんだという場合、これはそのことでほかの仕事をやめたということだということです。あるいはある人が俺は絵かきでいくと決意されるということは、政治家になるということを断念されるということである。

この、おとなになるときには断念する力が要るということが非常に大事なんです。何かの道を選ぶということ、みんな非常にいいことばかり考えるのですが、何かを選ぶというなかには、その代わりこれはやめることになるんだという、あきらめというものがある。あきらめる力をもっていない人はエゴ・アイデンティティというものは確立しない。さきほどいったような、あれもいい、これもいい、あれもできるかもわからん、これもできるかもわからんといっている人は、なかなかアイデンティティは確立しないわけです。

そういうふうにして、人はアイデンティティを確立していくわけですけれども、それがなかなか確立せずに拡散してしまう人があります。それを同一性の拡散、アイデンティティのディフュージョンといいます。そして、青年期に「同一性拡散」を起こしてしまった人は、どうしてもなかなかうまくゆかなくて、いろいろ問題がでてくるのではないか、というようなことをエリクソンはいいました。

皆さんご存じのように、いま青年期の人たちはいろんな問題をかかえていますし、留年も多い。このエリクソンのアイデンティティおよびアイデンティティの拡散という考え方は、そういう青年期の人たちを理解するために、非常に役に立ちましたので、やがて非常に重宝がられるようになりました。

それときょうは詳しくいってないのですが、実はエリクソンは、そういうアイデンティティが確立していくためには、乳児、幼児のときにどうであったか、児童期はどうであったかというような段階を考え、エゴ・アイデンティティがつくられるということを段階的にも提示しています。そしてその考え方も非常にわかりやすくて大切なことでしたので、みんながもてはやすようになったわけです。

何が「私」を支えているか

ところが私がこれからお話したいのは、そういう考え方をもっと超えて、あるいはその考え方と異なる考え方でアイデンティティを考えねばならないのではないかということなんです。

その第一点は、さきほど申しました日本人の問題です。エリクソンの考えを喜んでいるのもいいけれども、はたしてわれわれ日本人は、エリクソンのいうとおりのことはできるのだろうか。おそらくできないだろう。そうしたら、日本人は日本人のアイデンティティということをどう考えたらいいのかということが一つ。

それからもう一つ、これはアメリカの内部でできた批判なのですが、非常に面白いことにそれが女性たちからでたのです。

それは、エリクソンのいっているアイデンティティの確立というのは、男性の原理にもとづく男性のためのものである。女性のアイデンティティの確立の仕方はそのようなものとちがう。だから女性が男性の原理にもとづいて無理にアイデンティティを確立させるように努力すると矛盾が起きるのではないかという批判でした。

それから三番目に、これはまだ誰にもいっていません。私が考えていることですが、では老人はどうなるのかということです。

エリクソンのいうように、職業をもって結婚して社会になんとかかんとかというのだったら、年をとって職業がなくなって、それほど社会と関係しなくなり、家族もみんな死んでいって、一人だけ残った人、この人のアイデンティティはどうしてくれるのか、ここのところが不問になっているではないか、ということを私は思うのです。いまいったようなところからアイデンティティということを考えだすと、さきほど紹介したエリクソンのアイデンティティのとらえ方ではちょっと心もとなくなります。

きょうはお年寄りの方もたくさんおられますが、お年寄りの人のおかれている立場から、あるいは本格的に考えたらわかると思うんですが、エリクソンは「私」という人間が社会の中にはまり込んでいるいないということをいい、この「私」を支えているのは、たとえば職業であり、家族であり、あるいはご近所の人である、何とかであるといっているわけですが、これはすべてなくなる可能性があるんですね。職業は定年退職その他でなくなる可能性があります。近所の人は家がかわるかもしれません。養子や嫁になれば名前までかわることが多い。

そういうふうにどんどんかわっていくということを考えると、これこれが私のアイデンティティですとえらい喜んでいても、ほんとうは宙に浮いているときと同じではないのか。もちろんアイデンティティを、職業とか、もろもろのみんなが考える支えで考えることは大事なんです。大事なことなんですけれども、それだけではだめなのではないか。すると、いったい私を「私」たらしめているものは何なのか、いったい何が私を支えているのか。

柳田国男《やなぎたくにお》の『先祖の話』

そんなことを思っていますと、実はなかなかおもしろいものがでてきました。それは私のところの大学院の学生の浜野清志君という人がアイデンティティのことで書いた論文です。

彼は、アイデンティティといったって、もっといろいろおもしろいことを考えていではないか、というので、柳田国男の『先祖の話』という本を紹介して論じているのですが、この話はどういう話かというと、柳田国男があるとき、自分から御先祖様になるんだといっている人に出会った。その人はどこそこの町に住む何とかという年輩のご老人で、ゴム長靴を履いて、はんてんを重ねて、白い髪が垂れていて、大工さんをしていた人である。もちろん兵隊に行き、子どもができ、孫もいる。そして自分の墓もちゃんとできている。そして自分もそのうちに御先祖様になるんだといっているという話なんです。

こういう人は、もう職業とかは、その人のアイデンティティを支えていないんですね。支えてくださるのは御先祖様というわけです。この御先祖様の一員になるんだというアイデンティティはすごいですね。たとえ原爆か何かで地球がパッと全部つぶれてしまっても、この人のアイデンティティは揺るがないと思います。なぜかというと、御先祖をやっつけるのは非常に難しいですからね。誰も御先祖をなくするということはできるものではない。つまりその人は御先祖とつながっていて、私はもうそのうち御先祖になりますよといって生きておられるんですね。それを柳田国男はすごく感動して見ているんです。

柳田国男の時代にはアイデンティティということばはありませんでしたが、私は柳田国男という人は、日本人のアイデンティティの研究をしていた人ではないかと思っているんです。書かれたものをみると、どこにこういう古い話があったとか、古い民具があったとかいったことばかりやっているようですけれども、実は、そういうちょっとした物とか、ちょっとした話とか、そういうものが案外にわれわれのアイデンティティを支えているのではないか。そしてその収斂《しゅうれん》していった形の御先祖様というものがその人を支えているのですから、こんなすごいアイデンティティはないのではないだろうか。

そして、この場合そうすると、いったい御先祖様とは日本人にとって何なのだろう。御先祖様とつながるということはどうしてつながれるのだろう。

この、御先祖様とのつながり方、といったら変ですが、これは英語でいうと、アイデンティティの確立ということに、ある意味でなると思うんですね。

私は柳田国男の本を読んで感激することが多いのですが、彼の本をずっと読んでいると、なんとなく、ああ、私も日本人として生きておりますわと、そういう感じがグッとしてくる。そこには、アイデンティティということばは使われていないんですが、彼はアイデンティティという問題をちゃんと潜在的に語っているのではないだろうか。一方、民俗学というようなことをやっておられるほかの人の本であまりおもしろくないのは、柳田国男が考えていたようなそういうアイデンティティの問題をなにか忘れてしまって、単に古い物を集めたりして、骨董《こっとう》屋の下請けみたいになってるからではないのか、これは悪口みたいになりましたが、私にはそんなふうに思えるのです。

そんなことをいいますと、今ごろ御先祖様なんていうてもろうたら困る、われわれはべつに御先祖様なんか思っていない、実際、御先祖様はどこにいるのか、山の上にいるとかいう話だから、ずっと行ってみたけれどもまだ出会ったことはない。お盆に来るという話だけれども見たことはないとか（笑）、そんなふうにいわれると非常に困ります。

これは、今のわれわれが現代の近代的な科学によって、御先祖様なんてことを、そう簡単に実在するものとは思えなくなっているためでしょうが、昔の人にとっては御先祖様はおそらく実在したにちがいありません。

神様への手紙

といって、今のわれわれにはそういう御先祖様によるアイデンティティなんていうのはまったくなくなったかというと、そうでもありません。

実は私は最近こういうのを読んで非常に感心したのです。だいたい私はこういう日本人のアイデンティティといったことを考えていますから、御先祖様とか、神様とか、お化けとか、そういうものに親近感をもっているのですけれども、いったいこのごろの小学生は、神様とかお化けとかいうとどんなふうに思っているのだろうと思っていたのです。しかし、あんた神を信じますかとか、そんなことを一年生の子に訊《き》いても仕方ありません。そこで、小学生の子に神様に手紙を書いてもらったらどうやろ、お化けに手紙を書いてもろうたらどうやろ——これには実は種がありまして、『神様への手紙』という本が実際にあるのです。アメリカの子どもたちが書いた非常に楽しい本で、谷川俊太郎さんが訳しておられます。その本を読みますとなかなかおもしろい手紙がある。

これを日本の子にやってもらおうと思いまして、京都市教育委員会のカウンセリング室のカウンセラーの方とか、そこに来ておられる先生方に頼みまして、小学二年生の子に神様に手紙を書いてもらったのです。

その中にこういうのがあります。私は非常に感激したのです。ちょっと長いですけれども読んでみます。

かみさまへ

かみさまはどうやってかみさまになれたのですか。おばあちゃんが、かみさまは月にいるよといっています。おじいちゃんが死なはったら、おじいちゃんも月にいってかみさんになっているかなと思います。

わたしは、おばあちゃんが死なはってかみさまにならはったら、どんなかみさまができるだろう、きっとがんこなかみさまになると思います。だって、わたしの弟といつもテレビのとりあいをしているからです。弟は野球だし、おばあちゃんは時代げきだからです。わたしもよくおばあちゃんとテレビのとりあいのけんかをします。わたしはまんががとっても大すきです。だからけんかをします。かみさま、そんなところみないでね。わたしはずかしいからね。
それからが大事なんです。

わたしもいずれか死んでかみさまになります。かみさまになったら、えらいかみさまになろうと思います。

おばあちゃんも神様になる、頑固な神様になるやろう、そしてわたしもいずれか死んで、そして神様になって、またあっちでチャンネル争いをやるんでしょうね、どんなチャンネルがあるか知りませんが。

この子はこの年齢のときから、ある意味で、アイデンティティをもっているといえないでしょうか。つまり、職業があろうとなかろうと、何しようと、ともかく死んだって大丈夫なんですからね。そうですね。あっちへ行ったって行くとこ決まっているし、月に住んでおばあちゃんとチャンネル争いをやることになっているのですから。

私は、これを読んで非常に感激したのですが、おそらく欧米で、小学校二年生の子どもが「わたしもいずれか死んで」と書くことはまずないだろうと思います。そしてそれがいま生きているおばあちゃんとつながっている。おばあちゃんとチャンネル争いをしてけんかもしますが楽しい、これはおばあちゃんとのかかわりの中の、この世のアイデンティティですね。

そして、おばあちゃんが死なはって、私も行きまっせというのは、これはあちら、あちらに根ざすアイデンティティです。

そう思うと、この子は人生における相当な深さといいますか、強さといいますか、揺るぎなきものをもっているというふうに私は思うのです。

人によっては、何をばかなことをいっているのか、どっちにしろお月さんなんていうのは宇宙飛行士が行くところだから、神さんと関係ないといわれるかもしれませんが、私はやっぱりこれはすごいことだと思います。

ファンタジーをもつこと

そのすごいことというのは、私にいわせますと、この子のファンタジーです。おばあちゃんも頑固な神様にならはって月にいるというのはファンタジーです。しかしそのファンタジーがこの子を支えている、というふうに考えますと、われわれはアイデンティティを深めるためには自分のファンタジーをもたねばならない。といって、この子の神様への手紙を読んで、僕もそうしようと思っても、私は残念ながらもうそうは思えません。たとえば私の母が、お月さんへ行って婦人会をやっているとは思えない。思えないけれども、「私なりの」ファンタジーはもちうる。

「私なりの」ということをすごく強調しましたが、これが私なりではなくて、すごい天才がでてきて、その天才がわれわれにファンタジーを示してくれて、そのファンタジーを共有しましょうというふうに考えたもの、それは一つの宗教になるだろうと思います。

死んだら善い人は極楽へ行く。悪い人は地獄へ行くんだ、だから極楽へ行けるようにやりましょう。極楽へ行ったらどんなことがあるのか、地獄にはどんな種類があるのかというようなことを、皆さんご存じのように、たとえば日本の仏教でしたら非常にくわしく書いてあります。それをみんなが信じ、みんなが共有していって、それによって自分を支えている場合、一つの宗教の派といいますか、宗教ができますね。いま仏教のことをいいましたが、もちろんキリスト教のそれもありますし、あるいはユダヤ教、イスラム教のそれもあります。

ただ、そこで非常に難しいことは、今のわれわれは簡単にそういうファンタジーを自分のものにできない。地獄・極楽の話を聞いても、そうだ、だから頑張ろう、というようになかなか思えない。また、この神様への手紙のように、そうすんなりとは自分も死んでおばあちゃんといっしょに神さんになれるとは考えにくいということです。

このことは私は現代の非常に大きな問題だと思います。といいますのは、自然科学がすごく強固に発達してきましたから、われわれはファンタジーと現実をどこかでいいかげんにして、なにかそこらに地獄があるように思ったり、そこに極楽があるように思ったりすることができにくくなっている。日本人には、西の方に浄土があると思って、舟に乗って出ていったという人たちが、事実、いるくらいですから、そういう実在的な空間の中に何か関係を見出《みいだ》して、自分の心のよりどころというものをつくろうとすることができた民族なのですが、それは今は非常にむつかしくなっている。

いまいいました月だって、われわれの宗教的な体験を支えるものにしがたい。月だって人間が実際に行って帰ってきてるんですからね。そういうところでわれわれが自分のアイデンティティを確立するためには、どのようなファンタジーをもつのだろうか。そういうときにまた日本人としてのアイデンティティという問題もでてきます。

つまり、さっきいいましたように、日本人というのはエゴを確立して、おれがこうやり、こう考えるから、おれはアイデンティティを確立したんだというのではなくて、「私」が考えるというときにはほかのいろいろなものも入っている。そう考えてみますと、私はファンタジーということをいいましたが、ファンタジーということと日本人のアイデンティティというようなことも、どこかでつながってくるのではないかなと私は思っているわけです。

根本的なジレンマ

つまりいま私が考えていますのは、さきほどもいいました、私は私であって、私以外の何ものでもない、というのは、単純なアイデンティティである。われわれがこれから考えねばならないアイデンティティというのは、私は私であって、私でないものでもあるんだ、ということです。

つまり私といっても、この「私」の中には、実はニュートンとかガリレオがいってくれたことも、私の意見の中に入っていますね。もちろん「私」という中には私の子どもの意見も入っている。それからもう父も母もいなくなりましたけれども、父や母がかつて生きた生き方が私の中に入っています。

そうすると、私は私である、というのは非常におこがましいのであって、私は私であって、私以外のたくさんの何ものかなんです。そういうふうに考えたほうが、このアイデンティティの問題はもっとおもしろくなるのではないか。何か、私、私といっているアイデンティティよりももっと広くなってくる。

そして私というものは私以外のすべてのものというか、宇宙といいますか、そういうものとの関連の中の私ということが——これもファンタジーの一つでしょうが——ファンタジーとして、あるいはある程度、現実としてでもいえる。そういうふうなものがつくっていけると、自分が年取っていくこと、自分が死んでいくといったこともアイデンティティという中に取り入れることができてくるのではないだろうか、というふうなことを考えています。

棟方志功《むなかたしこう》というすばらしい版画の名人がおられましたが、棟方志功が晩年になってこういうことをいわれたんですね、「おれもとうとう自分の作品に責任をもたなくてもよいようになってきた」と。

これは非常にすごいことでして、だれでもぼくの作品だからぼくが責任をもつというのがあたりまえなんですね。それを棟方志功が、もうとうとう自分の作品に責任をもたないようになってきたといったのは、もう自分がやっているのではない、棟方志功がつくった版画でないものをとうとうつくるところまできたという、すごい言い方だと思うんです。こういうアイデンティティは決して西洋人的なエゴ・アイデンティティではないですね。

そして非常におもしろいことは、いま実は欧米では、私がいま棟方志功とか、「日本人の」というふうにいいましたような考え方をしたほうがいいのではないか、あるいはそういうアイデンティティの問題を考えるほうがおもしろいのではないか、というふうに考えはじめている人もおられるということです。

さきほど私は、エリクソンがいったアイデンティティに対して、日本人としても、あるいは女性としても、あるいは老人としても考え直したいということをいいましたが、この考え直しが入ってきて、このアイデンティティということが非常に広く、そしていろんな方向から深く追求されるようになりつつあるように私は思います。

そうかといって、いつもと同じようなことをいうようですが、ここで日本人の考えているアイデンティティは世界に誇れるとか、これはすばらしいんだというふうなことを私はいう気はありません。というのは、やっぱり西洋の人がまずはじめに考えたように、自分というものをはっきりつかんで、そして、自分の判断と責任をもって、物事をやり抜いていくという強さ、そういうものも、やっぱりわれわれはある程度もたねばならないことだからです。

それなしで、たとえば棟方志功のいった、自分のやっている作品に責任がないということを、文字どおり受けとめて、まったく無責任に勝手なことを日本人がやりだすと、これは大変です。欧米の人たちは、日本人のやるいろんなことについてそういう悪い意味の無責任性ということを感じているように私は思います。

貿易問題にしろ、外交の問題にしろ、どうも日本人というのは自分としての意見とか、自分としてのあり方というものをどこかでいいかげんにしておいて、なにか突飛なことを平気でやるような、そういうずるさがあるのではないか、自我の責任を悪い意味で消してしまっているのではないか、ということでわれわれを非難しているように思います。

そんなふうに考えますと、はじめにいいました、エリクソンのエゴ・アイデンティティという考え方、これもやっぱり私はそう捨て去る気はおこらない。そこにはすごいジレンマが、つまり、私というのは私以外の何ものでもない、といいたい気持ちと、ほかのものもたくさん入っています、という気持ちの両方があります。

それで、いったいどうするか。それでは話が矛盾しているではないかということになるかもしれませんが、矛盾しているからこそ、理屈で私のアイデンティティはこうなりますとか、日本人はこうしましょうとかいうのではなくて、それぞれがその人に固有のもの、私はこう生きるんだとか、私はこうだとか、そういうものをつくりだす義務——といったらおかしいですけれども、そういうものをわれわれはもっているのではないか。

せっかくこの世といいますか、現代という時代に生まれてきたのだから、やっぱり西洋人がつくりだしたような自然科学のいろんな成果、宇宙に飛び出していけるほどの成果、これも受け入れなければならない。そうかといって、われわれは西洋人と同じように考え、同じようにしたりできるわけでもない。そのときに自分固有のファンタジーというものはどうなるかということなんです。

自己実現の過程

私はいま「固有の」という言い方をしました。また「個人」ということを平気でいっていますけれども、「個人」というのは英語でいいますとインディヴィデュアルというんですね。インディヴィデュアルというのは、分けることができない、ということです。ずっと分けていって最後に分けることができない残ったもの、これが個人である。

そしてこれしかない唯一《ゆいいつ》の個人が生きるから非常に個性的に生きられる。これが西洋人の考え方です。ところが日本人というのは、西洋人がいうような意味のインディヴィデュアルというのはないですね。日本人は、さっきいいましたようにみんながどこかでつながっていますから、ずっと切って分けていったらパチンと個人がでてくるということにはならない。といって日本人は個性がないかというと、やっぱり個性はあるんですね。西洋的な意味ではないかもしれないけれども、けっこう個性的な人はおられて、個性的なものをつくりだしているわけです。そういう人のアイデンティティというのはいったいどうなっているのか。

その点で、私はこのごろ、非常にすばらしい仕事をされた日本の人、たとえばノーベル賞をもらわれたような人、そういう人は自分の個性とか、あるいは自分のアイデンティティというものを、西洋人とちがう形でつくりあげていたような気がしますので、それはどんなふうにつくりあげていかれたか研究してみようと思ったりしています。

ところがその場合、日本人というものは言語表現が下手ですので、あるいは言語表現をしてしまうとパチッと決まってしまうので、あるいは日本人というのはどこかで何かとつながっていますから、言語でパチッとやってしまうとそのつながりが切れてしまう、それが怖いために、何か非言語的な表現、言語によらない表現というところに非常に重きをおくという傾向がありますので、そのことを頭においてどうやっていくかという問題がでてきます。

それで私は日本人のファンタジーというものを言語でないもので表現する方法はあるだろうかということで、これまで箱庭療法なんていうのをやってきているわけですが、これは、ただ箱庭をつくってもらうだけのことでして、それでいったい何事が起こるかと思うけれども、実際、非常に大きなことが起こってくる。というのは、そういう箱庭という、言語でないものの表現に、いわばその人のファンタジーがでてくるんです。

とくに、日本の人につくってもらいますと、何の気なしにつくられるものの中に、その人のいわば広い意味でのアイデンティティを支えるもの、そういうものができてくる。そういういわば「場」といいますか、それを土台として、なにか非常に不可解な場の中で「私」というものがそこに位置づけられている。それも「私が」というのとはちがって、「場」のほうからスーッと「私」というものが浮かび上がってくる。そういうことによってその人が進んでいくということがあるわけです。

それで私は箱庭療法をずいぶんやっているのですが、この私がやっています箱庭療法を外国の人に見せると非常に感心する。これは、やはり日本人のそういう表現が外国人の想像を超えた深さというか、そういうものをもっているからだと思います。そんなふうに考えていきますと、アイデンティティというものは、どこで確立したか。二十五歳でとか、二十八歳で確立する、したというようなものではなくて、ずっとつづくもの、ある程度できたなと思うと、また次のものがやってくるというふうに、実は死ぬまで、あるいは死んでからも続くほどの一つのプロセス、過程なんであって、ある点で確立するというものではないのではないかというふうに思います。

ユングという人は、自己実現の過程、プロセスということを非常に強調しますが、私も、今いったようにアイデンティティというのは、どの一点で確立するか、どこで確立させるかという考え方ではなくて、確立の過程を歩んでいるというふうに考えたほうがおもしろいのではないかと、考えているわけです。そう思ってエリクソンの本を読みますと、彼も「無意識的につづく一生の課題だ」というような書き方をしているところがあります。

結論的にいうと、アイデンティティはいつできるというものではない、全生涯を覆《おお》って流れている問題ではないか。さっきの小学二年の子が自分はいずれ死んでもおばあちゃんといっしょに月の世界に住むんだといっているときは、そのことが、そのときのその子のアイデンティティを支えるファンタジーになっていますけれども、そのファンタジーはその子が中学生になればそんなに力をもたないかもしれない。そうすると何か新しいファンタジーがやっぱりできるのではないか。

だからわれわれは生涯の中で、その生涯にふさわしい自分のファンタジーというものをみつける必要がある。そしてそういう難しいことを辟易《へきえき》せずにやりぬくということが、非常に深い意味における宗教性というものにつながるのではないかというふうに私は考えます。

きょうはその話ができなくて残念でしたが、エリクソンという人も実際はアイデンティティのことをいう前、つまり精神分析家になる前は、絵かきさんになろうとして頑張ったし、いろんなことをやっています。いろんなことをやったあげくに、エリクソン自身がそういう職業アイデンティティを確立しているのですが、それまでに長いことかかっているんです。だから皆さん誤解のないようにしていただきたいですが、職業についたからアイデンティティができるとか、アイデンティティが確立したから職業につくとか、そんなものではない。生きている、生身でやっている中でそういうものができていき、また壊れ、できていき、壊れしながらだんだんアイデンティティが強固なものになっていくのだと、そんなふうに考えていただいたらいいと思います。

あとがき

本書は私が講義もしくは講演をしたものの記録をまとめたものである。自分の話をしたことを筆録されることは、実は、私は嫌いでありお断りすることが多い。日本の人は、そのようなことを無断でする人さえあり、その際は、何とか無理をしてでもそれを活字にすることを止《や》めていただくようにしている。そのようでありながら、ここにこのような書物を出すことになったのについて、一言説明させていただかねばならない。

話をしたことの筆録どころか、講演ということ自体を、私はできるかぎり避けるようにしている。それはどうしても「型」にはまってきて、その結果、同じような話を異なる場所で繰り返すことになってしまう。そして、心理療法家としてはもっとも恐ろしい、型にはまった思考しかできなくなる危険性を、それは十分にもっている。実際、講演が上手になるにつれて、心理療法の方は退歩する人を見かけるのである。

それと、もうひとつ大切なことは、話をするということは聴衆との関係でなされるのでそのときその場での真実が語られ、それを離れて活字にして、不特定多数の人に提供するのにはふさわしくないことも多い。私は、前記のような型にはまる怖さを感じるので、最近は、講演はその場で即興的に話をし、聴衆との交流に従って話をしてゆくスタイルをとることが多い。そのような場合は、ますます、それを活字にするのがはばかられることになる。

しかし、「講義」となると話は少し変わってくる。それは聴衆との関係よりも、自分にとって伝えたい内容の方が先行する。従って、それは筆録しても、ある程度は読めるものになってくる。昔から「講義録」なるものがよく出版されるのも、そのためである。本書に収めたものも、私としては講演というよりも講義に近い――京都大学での最終講義も含まれている――ものが多い。

しかし、私の場合は講義と言っても、他の大学教授に比べると、「おはなし」に近くなる。そのことは、本書の主題である「物語」ということに大いにかかわってくるのである。それは本文中にも述べられていることであるが、私が専門としている「人間の科学」では、何らかの知識を正確に伝えるということだけではなく、聴く人が「それを腑《ふ》におちる」と感じる、つまり、身体性を伴う知として把握する必要がある。従って、そこでは「物語る」ということが大切になってくるわけである。このため、ここに収められている「講義」も「おはなし」的様相をもたざるを得ない。

次に、これらの講演のなされた日時などをあげておく。読者はそれらが「講義」と「おはなし」との間で微妙に性格の異なるものとなっているのに気づかれることであろう。

第一章「コンステレーション」 京都大学定年退職記念講義。一九九二年三月十四日。

第二章「物語と心理療法」 日本心理臨床学会第十回大会、特別講演。一九九一年九月十五日。

第三章第一部「隠れキリシタン神話の変容過程」 京都市社会教育総合センターシティセミナー ユング心理学'92。一九九二年十月三十一日。

第三章第二部「『日本霊異記』にみる宗教性」 同右 ユング心理学'92。一九九二年十一月十四日。

第四章「物語のなかの男性と女性――思春期の性と関連して――」 神戸市児童相談所「思春期公開講座」。一九九三年二月十五日。

第五章「アイデンティティの深化」 京都市社会教育総合センター「創造的市民

大学 第八講」。一九八五年四月二十日。桑原武夫編『創造的市民講座』小学館、一九八七年四月二十日所収。

長年にわたって私は心理療法に従事してきた。それをはじめた最初から、「心理療法は科学であるか」という問いが重くのしかかっていて、それについてずっと考え続けながら、この仕事をしてきたと言っていいだろう。心理療法が科学であることを相当に確信している人もあるし、そんな「非科学的なものは信用できない」と高言する人もある。私はそのどちらにも単純に賛成できなかった。そして、いろいろと考え続けているうちに、最近になって、思いついたひとつのキーワードが「物語」ということであった。

「物語」が心理療法や科学とどのように関係してくるのかについては、本文をお読み下さると理解していただけるであろう。ともかく、これは大変重要なことと考えたので、第二章にあるように、学会の特別講演において、私の考えの概略を話したが、学会員の人々に共感をもって受けとめられたのが感じられた。そこで勢いを得て、他の章にあるように、つぎつぎと物語と関連する講演を行ったのである。

最後の章のものは、しばらく以前のものであるが、深層心理学と科学的思考との間にあって、私がそれなりに迷いつつ、まだ「物語」ということに、はっきりと考えを結晶できていない様相がよくうかがわれるのではないかと思い、これも収録することにした。ただ、ここでは直接に「物語」という言葉を使ってはいないが、柳田国男の『先祖の話』や子どもたちのファンタジーに言及しているのは、既に「物語」を重視する方向に考えが向かっていたことを示すものとも言えよう。

この講座は、故桑原武夫先生が「創造的市民大学」という講演シリーズを企画され、そのひとつとして出させていただいたものである。このときは桑原先生の御指名で鶴見俊輔さんが「聞き手」になられ、貴重なコメントをいただいたことをよく記憶している。ここに記して御二方に感謝の意を表したい。

最後になったが、ここに収録した講演を企画し、また実行にあたって御苦労を願った方々に心から感謝の言葉を申しのべたい。

本書の企画をされ、細部にわたって編集にお心づかいをいただいた、岩波書店編集部の大塚信一さんに心からお礼申しあげる。大塚さんのおかげがなかったら、本書は世に出ることはなかったであろう。

一九九三年五月

河合隼雄

解説

河合俊雄

「はじめに」でも書いたように、この本は、もともと『物語と人間の科学』(岩波書店、一九九三年)として出版されたものである。けれども、京都大学での定年退職記念の講義と、同じ年度に行われた日本心理臨床学会の理事長を辞するに際しての講義という、「最終講義」二つがこの本の中心になっていることから、文庫化に際しては、題名を『こころの最終講義』とした。

河合隼雄と偶然

大学の定年退職記念の講義には、その人の研究の集大成であったり、またその人個人を彷彿《ほうふつ》させるテーマが選ばれたりすることが多い。河合隼雄が「最終講義」に、偶然に思える出来事が互いに関連し合っていることを意味する「コンステレーション」というテーマを選んだのは、非常に本人にふさわしいことだったと思う。というのも河合隼雄ほど偶然の出来事がよく起きる人もいなかったからである。たとえば、チューリッヒのユング研究所留学時代に、カラスの夢をたまたま見たので、カラスについて詳しく調べていたら、その直後に行われた象徴についての試験でカラスの問題が出たということが報告されている（『魂にメスはいらない』）。また、心理療法を行っていても、偶然の出来事がよく起こって、そのためにクライエントがよくなったようで、「自分には実力がないけれども、たまたまラッキーなことがよく起こってクライエントがよくなる」と冗談のように語っていたという。しかし偶然がよく起こることを考えた方がよいと誰かに指摘されて、その意味を検討するようになる。その際に、ユング心理学における「コンステレーション」（元の意味は星座）という概念は非常に有用である。自分の分析家であるマイヤー先生について、コンステレーションを起こすことによって治療していると述べているけれども、これはまさに河合隼雄自身のことでもある。河合隼雄は単に運のよい治療者なのではなくて、コンステレーションをよく起こす治療者であったのである。

この最終講義は、治療者としての河合隼雄の自分自身についての振り返りであり、また自分の個人的な話をするのを好まなかった河合隼雄が、母親とのことなど、珍しく自分のエピソードを語って、記念講義に集まってくれた同僚や弟子たちにサービスしているのが感じられる。

意味と物語

コンステレーションというのは、全体がお互いに関連し合っていることであるけれども、偶然に起きているのに過ぎないように思える出来事の間に関連が見えてくるためには、そこに「私」が意味を読み込んでいくことが必要になる。たとえば、河合隼雄がチューリッヒから戻ったときに、プライベートな生活では二度も自分の母を偶然に傷つけそうになったり、心理療法家としての仕事では、いわば母なるものに呑《の》み込まれて不登校になっている子どもたちに直面したりした。それらの起きている事象から、スイスから戻った自分には日本の母なるものと向き合い、戦うというテーマがコンステレートされているという意味を河合隼雄は読み取っていったのである。

コンステレーションは、そこに「私」が意味を読み込み、出来事が時間の流れの中で展開していくと「物語」になる。ここで興味深いのは、全体の関連に意味を見《み》出《いだ》すにしろ、物語に筋を見つけていくにしろ、著者が強調するように「私」が入ることである。第二章「物語と心理療法」は、日本心理臨床学会を辞するに際しての河合隼雄の心理療法論であるけれども、そこには「物語」をパラダイムにした考え方が認められる。つまり心理療法はどこまでも操作や人為を排したオープンなものでありながら、そこに「私」が入ってくる必要があり、だからこそ「物語」になるのだという考え方である。

物語と日本文化

心理療法を「物語」という視点から見ていくと、そこで語られたり、夢に見られたりする内容から、文化差が現れ、日本人特有の物語も見えてくると河合隼雄は言う。その意味で、日本古来の物語が非常に参考になってくる。河合隼雄の主著の一つである『昔話と日本人の心』は日本の昔話の分析から、日本人の心のあり方を追求したものである。この本では、第二章における『落窪物語《おちくぼ》』、第三章「物語にみる東洋と西洋」における隠れキリシタンの人たちの伝承で変化していった『聖書』と『日本霊異記《にほんりょういき》』、それに第四章における『とりかへばや物語』が扱われている。

第二章の『落窪物語』では、西洋のような英雄的に戦うヒーローが登場しない。おちくぼの君と呼ばれる美しい娘に、うるわしい若い男性が通っているのを知って、継母《はは》は娘を老人に与えてしまおうとする。しかし若い男性は英雄的に戦うのではなくて、娘が辛うじてつっかえ棒をした家に老人が夜に侵入できなくて、家の周りを回っているうちにお腹《なか》が冷えて下痢になって退散するという結末になる。つまり英雄的戦いによるのではなくて、身体的自然現象が解決をもたらすのが非常にユニークであるし、またユーモアに富んでいるというわけなのである。

また第三章の隠れキリシタンの話では、原罪の話がなくなっていたり、元はなかった話が作られていたりして、『聖書』が大幅に変わってしまっているけれども、それも変質として考えるのではなくて、日本人の心性に合わせて物語が変わっていっているところに関心が寄せられるのである。

科学へのこだわり

第五章「アイデンティティの深化」について、著者は「深層心理学と科学的思考の間にあって、私がそれなりに迷いつつ、まだ『物語』ということに、はっきりと考えを結晶できていない様相がよくうかがわれる」と「あとがき」で書いている。この本を読むと、大学で最初に数学を専攻した河合隼雄が、非常に科学に対するこだわりを持っていたのがわかる。強烈な自我や意識を持った西洋のこころや心理学を前提としつつ、どのように日本人のこころを理解し、また独自の心理学を作り上げていくかに腐心したように、心理療法の独自性を考える際にも、科学というものが常に意識されていた。

だからこそ、偶然や不思議なことがよく起こりながらも、オカルト的な方向に走らずに、冷静な見方を保ち続けた。そして、客観的な科学とは異なって、どうしても「私」というのを入れ込まねばならない「物語」ということは、河合隼雄のたどり着いた結論であった。だからこそ、心理療法や臨床心理学の方法論としての事例研究を大切にしたのである。また生命科学の中村桂子《けいこ》の論を引きつつ、命についての物語を各人がどう語るかということが科学なのだ、と述べているように、科学というパラダイムを変えようとする意気込みすら感じられるのである。

私の物語

この本は、著者が六十三歳のときの「最終講義」を中心にしているけれども、むしろんこれは河合隼雄の文字通りの最終講義であったのではない。ここで「コンステレーション」として述べられていたものは、後にもっと華厳《けごん》の考え方として展開され、たとえば『ユング心理学と仏教』に結実していく。またライフワークとも言うべき、『神話と日本人の心』が完成したのは二〇〇三年、実に著者七十五歳の時である。

けれども、河合隼雄が本当に関心を持っていたのは、自分の物語、しかも死との関係での物語ではなかったろうか。この本の一九八五年に行われた講演に基づく第五章では、柳田国男《やなぎたくにお》の『先祖の話』に関連して、死んで神になる、先祖様になるというファンタジー、あるいは物語が紹介されている。しかし『日本霊異記』についての一九九二年の講演が収録されている第三章の結論部分では、「それではわれわれには一体どんな生き方があるのか、どういう死後の世界とつながるのかということに対しては、おそらく誰にもあてはまるような便利な答えはなく、個々人が努力してそれを発見してゆく、その過程こそがその人のかけがえのない人生だということになるのでしょう」と述べている。

多くの物語を解き明かしてくれた父河合隼雄は、自分の物語を語る途上で倒れたのか、それともそもそも語るつもりがなかったのか、遂に自分の物語を直接には明らかにしなかった。「私」の物語とは何か、それは河合隼雄が言うように、個々の人に委《ゆだ》ねられているのであろう。

（二〇一三年三月、臨床心理学者）

本書は、一九九三年七月に岩波書店から刊行された講演集『物語と人間の科学』を改題し、再編集したものである。

河合隼雄著

働きざかりの心理学

「働くこと＝生きること」働く人であれば誰しもが直面する人生の〝見えざる危機〟を心身両面から分析。繰り返し読みたい心のカルテ。

河合隼雄ほか著

こころの声を聴く
―河合隼雄対話集―

山田太一、安部公房、谷川俊太郎、白洲正子、沢村貞子、遠藤周作、多田富雄、富岡多恵子、村上春樹、毛利子来氏との著書をめぐる対話集。

河合隼雄著

こころの処方箋

「耐える」だけが精神力ではない、「理解ある親」をもつ子はたまらない――など、疲弊した心に、真の勇気を起こし秘策を生みだす55章。

河合隼雄
村上春樹著

村上春樹、河合隼雄に会いにいく

アメリカ体験や家族問題、オウム事件と阪神大震災の衝撃などを深く論じながら、ポジティブな新しい生き方を探る長編対談。

河合隼雄
吉本ばなな著

なるほどの対話

個性的な二人のホンネはとてつもなく面白く、ふかい！ 対話の達人と言葉の名手が、自分のこと、若者のこと、仕事のことを語り尽す。

小川洋子
河合隼雄著

生きるとは、自分の物語をつくること

『博士の愛した数式』の主人公たちのように、臨床心理学者と作家に「魂のルート」が開かれた。奇跡のように実現した、最後の対話。

河合隼雄
南伸坊著
心理療法個人授業

人の心は不思議で深遠、謎ばかり。たまに病気になることも……。シンボーさんと少し勉強してみませんか？　楽しいイラスト満載。

河合隼雄著
猫だましい

心の専門家カワイ先生は実は猫が大好き。古今東西の猫本の中から、オススメにゃんこを選んで、お話しいただきました。

河合隼雄著
いじめと不登校

個性を大事にしようと思ったら、ちょっと教えるのをやめて待てばいいんです――この困難な時代に、今こそ聞きたい河合隼雄の言葉。

河合隼雄著
岡田知子絵
泣き虫ハァちゃん

ほんまに悲しいときは、男の子も、泣いてもええんよ。少年が力強く成長してゆく過程を描く、著者の遺作となった温かな自伝的小説。

茂木健一郎
河合隼雄著
こころと脳の対話

人間の不思議を、心と脳で考える……魂の専門家である臨床心理学者と脳科学の申し子が、箱庭を囲んで、深く真摯に語り合った――。

河合隼雄
柳田邦男著
心の深みへ
―「うつ社会」脱出のために―

こころを生涯のテーマに据えた心理学者とノンフィクション作家が、生と死をみつめ議論を深めた珠玉の対談集。今こそ読みたい一冊。

村上春樹著

1Q84
—BOOK1〈4月−6月〉前編・後編—
毎日出版文化賞受賞

不思議な月が浮かび、リトル・ピープルが棲《す》む1Q84年の世界……深い謎を孕《はら》みながら、青豆と天吾の壮大な物語《ストーリー》が始まる。

村上春樹著

1Q84
—BOOK2〈7月−9月〉前編・後編—
毎日出版文化賞受賞

雷鳴の夜、さらに深まる謎……「青豆、僕はかならず君をみつける」。混沌《カオス》の世界で、天吾と青豆はめぐり逢うことができるのか。

村上春樹著

1Q84
—BOOK3〈10月−12月〉前編・後編—

そこは僕らの留まるべき場所じゃない……天吾は「猫の町」を離れ、青豆は小さな命を宿した。1Q84年の壮大な物語は新しき場所へ。

村上春樹著

海辺のカフカ（上・下）

田村カフカは15歳の日に家出した。姉と並んだ写真を持って。世界でいちばんタフな少年になるために。ベストセラー、待望の文庫化。

村上春樹著

東京奇譚集

奇譚＝それはありそうにない、でも真実の物語。都会の片隅で人々が迷い込んだ、偶然と驚きにみちた5つの不思議な世界！

村上春樹著

神の子どもたちはみな踊る

一九九五年一月、地震はすべてを壊滅させた。そして二月、人々の内なる廃墟が静かに共振する——。深い闇の中に光を放つ六つの物語。

小澤征爾
村上春樹 著

小澤征爾さんと、音楽について話をする

小林秀雄賞受賞

音楽を聴くって、なんて素晴らしいんだろう……世界で活躍する指揮者と小説家が、「良き音楽」をめぐって、すべてを語り尽くす！

星野道夫 著

ノーザンライツ

ノーザンライツとは、アラスカの空に輝くオーロラのことである。その光を愛し続けて逝った著者の渾身の遺作。カラー写真多数収録。

星野道夫 著

イニュニック〔生命〕

―アラスカの原野を旅する―

壮大な自然と野生動物の姿、そこに暮らす人人との心の交流を、美しい文章と写真で綴る。アラスカのすべてを愛した著者の生命の記録。

白洲正子 著

日本のたくみ

歴史と伝統に培われ、真に美しいものを目指して打ち込む人々。扇、染織、陶器から現代彫刻まで、様々な日本のたくみを紹介する。

白洲正子 著

西 行

ねがはくは花の下にて春死なん……平安末期の動乱の世を生きた歌聖・西行。ゆかりの地を訪ねつつ、その謎に満ちた生涯の真実に迫る。

白洲正子 著

いまなぜ青山二郎なのか

余りに純粋な眼で本物を見抜き、あいつだけは天才だ、と小林秀雄が嘆じた男……。末弟子が見届けた、美を呑み尽した男の生と死。

柳田国男著
日本の昔話
「藁しべ長者」「聴耳頭巾」――私たちを育んできた昔話の数々を、民俗学の先達が各地から採集して美しい日本語で後世に残した名著。

山田太一著
異人たちとの夏
山本周五郎賞受賞
あの夏、たしかに私は出逢ったのだ。懐かしい父母との団欒、心安らぐ愛の暮らしに――。感動と戦慄の都会派ファンタジー長編。

矢野健太郎著
すばらしい数学者たち
ピタゴラス、ガロア、関孝和――。古今東西の数学者たちの奇想天外でユーモラスな素顔。エピソードを通して知る数学の魅力。

梅原猛著
隠された十字架
―法隆寺論―
毎日出版文化賞受賞
法隆寺は怨霊鎮魂の寺！　大胆な仮説で学界の通説に挑戦し、法隆寺に秘められた謎を追い、古代国家の正史から隠された真実に迫る。

梅原猛著
水底の歌
―柿本人麿論―
大佛次郎賞受賞（上・下）
柿本人麿は流罪刑死した。千二百年の時空を飛翔して万葉集に迫り、正史から抹殺された古代日本の真実をえぐる梅原日本学の大作。

遠藤周作著
白い人・黄色い人
芥川賞受賞
ナチ拷問に焦点をあて、存在の根源に神を求める意志の必然性を探る「白い人」、神をもたない日本人の精神的悲惨を追う「黄色い人」。

遠藤周作著　**海と毒薬**
毎日出版文化賞・新潮社文学賞受賞

何が彼らをこのような残虐行為に駆りたてたのか？　終戦時の大学病院の生体解剖事件を小説化し、日本人の罪悪感を追求した問題作。

遠藤周作著　**沈黙**
谷崎潤一郎賞受賞

殉教を遂げるキリシタン信徒と棄教を迫られるポルトガル司祭。神の存在、背教の心理、東洋と西洋の思想的断絶等を追求した問題作。

遠藤周作著　**キリストの誕生**
読売文学賞受賞

十字架上で無力に死んだイエスは死後〝救い主〟と呼ばれ始める……。残された人々の心の痕跡を探り、人間の魂の深奥のドラマを描く。

遠藤周作著　**イエスの生涯**
国際ダグ・ハマーショルド賞受賞

青年大工イエスはなぜ十字架上で殺されなければならなかったのか――。あらゆる「イエス伝」をふまえて、その〈生〉の真実を刻む。

遠藤周作著　**侍**
野間文芸賞受賞

藩主の命を受け、海を渡った遣欧使節「侍」。政治の渦に巻きこまれ、歴史の闇に消えていった男の生を通して人生と信仰の意味を問う。

小川洋子著　**薬指の標本**

標本室で働くわたしが、彼にプレゼントされた靴はあまりにもぴったりで……。恋愛の痛みと恍惚を透明感漂う文章で描く珠玉の二篇。

小川洋子著

まぶた

15歳のわたしが男の部屋で感じる奇妙な視線の持ち主は？　現実と悪夢の間を揺れ動く不思議なリアリティで、読者の心をつかむ8編。

小川洋子著

博士の愛した数式

本屋大賞・読売文学賞受賞

80分しか記憶が続かない数学者と、家政婦とその息子――第1回本屋大賞に輝く、あまりに切なく暖かい奇跡の物語。待望の文庫化！

小川洋子著

海

「今は失われてしまった何か」への尽きない愛情を表す小川洋子の真髄。静謐で妖しく、ちょっと奇妙な七編。著者インタビュー併録。

小川洋子著

博士の本棚

『アンネの日記』に触発され作家を志した著者の、本への愛情がひしひしと伝わるエッセイ集。他に『博士の愛した数式』誕生秘話等。

谷川俊太郎著

トロムソコラージュ

鮎川信夫賞受賞

ノルウェーのトロムソで即興的に書かれた表題作、あの世への旅のユーモラスなルポ「臨死船」など、時空を超える長編物語詩6編。

湯谷昇羊著

「いらっしゃいませ」と言えない国

―中国で最も成功した外資・イトーヨーカ堂―

盗まれる商品。溶けてなくなる魚。反日デモ。最悪の環境下で「鬼」と蔑まれた日本企業が「最も成功した外資」になるまでの全記録。

江國香織著　きらきらひかる

二人は全てを許し合って結婚した、筈だった……。妻はアル中、夫はホモ。セックスレスの奇妙な新婚夫婦を軸に描く、素敵な愛の物語。

江國香織著　がらくた

島清恋愛文学賞受賞

海外のリゾートで出会った45歳の柊子と15歳の美しい少女・美海。再会した東京で、夫を交え複雑に絡み合う人間関係を描く恋愛小説。

江國香織・角田光代
金原ひとみ・桐野夏生
小池昌代・島田雅彦
日和聡子・町田　康
松浦理英子著

源氏物語　九つの変奏

時を超え読み継がれた永遠の古典『源氏物語』。当代の人気作家九人が、鍾愛の章を自らの言葉で語る。妙味溢れる抄訳アンソロジー。

川上弘美著　おめでとう

忘れないでいよう。今のことを。今までのことを。これからのことを——ぽっかり明るくしんしん切ない、よるべない十二の恋の物語。

大江健三郎著　個人的な体験

新潮社文学賞受賞

奇形に生れたわが子の死を願う青年の魂の遍歴と、絶望と背徳の日々。狂気の淵に瀕した現代人に再生の希望はあるのか？　力作長編。

小澤征爾著　ボクの音楽武者修行

〝世界のオザワ〟の音楽的出発はスクーターでのヨーロッパ一人旅だった。国際コンクール入賞から名指揮者となるまでの青春の自伝。

小澤征爾
武満徹 著
音楽
音楽との出会い、恩師カラヤンやストラヴィンスキーのこと、現代音楽の可能性——日本を代表する音楽家二人の鋭い提言。写真多数。

宮部みゆき著
本所深川ふしぎ草紙
吉川英治文学新人賞受賞
深川七不思議を題材に、下町の人情の機微とささやかな日々の哀歓をミステリー仕立てで描く七編。宮部みゆきワールド時代小説篇。

宮部みゆき著
初ものがたり
鰹、白魚、柿、桜……。江戸の四季を彩る「初もの」がらみの謎また謎。さあ事件だ、われらが茂七親分——。連作時代ミステリー。

宮部みゆき著
理由
直木賞受賞
被害者だったはずの家族は、実は見ず知らずの他人同士だった……。斬新な手法で現代社会の悲劇を浮き彫りにした、新たなる古典！

上橋菜穂子著
夢の守り人
路傍の石文学賞・
巌谷小波文芸賞受賞
女用心棒バルサは、人鬼と化したタンダの魂を取り戻そうと命を懸ける。そして今明かされる、大呪術師トロガイの秘められた過去。

上橋菜穂子著
狐笛のかなた
野間児童文芸賞受賞
不思議な力を持つ少女・小夜と、霊狐・野火。森陰屋敷に閉じ込められた少年・小春丸をめぐり、孤独で健気な二人の愛が燃え上がる。

上橋菜穂子著

流れ行く者
—守り人短編集—

王の陰謀で父を殺されたバルサ、その少女を託され用心棒に身をやつしたジグロ。故郷を捨てて流れ歩く二人が出会う人々と紡ぐ物語。

夏目漱石著

こころ

親友を裏切って恋人を得たが、親友が自殺したために罪悪感に苦しみ、みずからも死を選ぶ、孤独な明治の知識人の内面を抉る秀作。

谷川俊太郎著

夜のミッキー・マウス

詩人はいつも宇宙に恋をしている——彩り豊かな三〇篇を堪能できる、待望の文庫版詩集。文庫のための書下ろし「闇の豊かさ」も収録。

谷川俊太郎著

ひとり暮らし

どうせなら陽気に老いたい——。暮らしのなかでふと思いを馳せる父と母、恋の味わい。詩人のありのままの日常を綴った名エッセイ。

多田富雄著

残夢整理
—昭和の青春—

昭和に生きた著者の記憶に生きる残夢のような死者たち。彼らを切実に回想し、語りあい、消えゆく時間とともに、紡ぎ上げた鎮魂の書。

多田富雄
南伸坊著

免疫学個人授業

ジェンナーの種痘からエイズ治療など最先端の研究まで——いま話題の免疫学をやさしく楽しく勉強できる、人気シリーズ！

こころの最《さい》終《しゅう》講《こう》義《ぎ》

新潮文庫　か－27－12

平成二十五年六月一日発行
平成二十六年十一月十日七刷

著者　河《かわ》合《い》隼《はや》雄《お》
発行者　佐藤隆信
発行所　株式会社　新潮社

郵便番号　一六二―八七一一
東京都新宿区矢来町七一
電話　編集部(〇三)三二六六―五四四〇
　　　読者係(〇三)三二六六―五一一一
http://www.shinchosha.co.jp

価格はカバーに表示してあります。
乱丁・落丁本は、ご面倒ですが小社読者係宛ご送付ください。送料小社負担にてお取替えいたします。

印刷・錦明印刷株式会社　製本・錦明印刷株式会社

ISBN978-4-10-125232-2 C0111